미드 할리우드 텔레비전 드라마 생산 이야기

임정수 지음

Production of TV Drama Series in Hollywood

한울
아카데미

이 도서의 국립중앙도서관 출판시도서목록(CIP)은 e-CIP홈페이지(http://www.nl.go.kr/ecip)에서 이용하실 수 있습니다. (CIP제어번호 : CIP2010000889)

미드 할리우드
텔레비전 드라마 생산 이야기

머리말

내게 텔레비전 드라마는 연구의 대상이기 이전에 생활의 일부였고, 비판의 대상이기 이전에 애정의 대상이었다. 우리나라의 방송 프로그램 편성이 드라마에 치중되어 있음을 다소 비꼬는 투로 표현한 '드라마 천국'이라는 말까지 있는 것을 보면, 나를 포함한 우리나라 시청자들이 얼마나 드라마를 좋아하는지 짐작할 수 있다.

시카고에서 유학 생활을 하면서도 내 하루는 <왕과 비>로 시작해서 <태조 왕건>을 거쳐 <제국의 아침>이 시작되는 것을 보면서 마감되었다. 내가 살던 일리노이 주 에반스톤 시는 메트로 시카고 지역으로 시카고 한인 지상파방송의 시청권에 간신히 포함되었다. 그 채널의 신호를 제대로 잡기가 쉽지 않았지만, 내가 머물던 아파트에서는 안테나만으로도 아쉬운 대로 시청할 수 있을 만큼은 전파가 잡혔다. 박사학위를 받은 후 귀국하여, <제국의 아침>은 더 이상 시청하지 않았지만, <상도>, <주몽>, <대조영>, <불멸의 이순신>, <이산> 등의 사극을 꾸준히 시청했다(<대장금>을 집중해서 시청하지 못한 게 좀 아쉽다). 그러다가 근무하던 서울여자대학교에서 연구년의 기회를 얻어 로스앤젤레스로 갔다. 로스앤젤레스에서는 인터넷 다시보기를 통해 <선덕여왕>을 보았다. <선덕여왕>의 종방과 함께 연구년 기간도 끝이 났다. 사극 마니아로서 대형 사극을 중심으로 이야기한다면 그렇다는 것이고, 그 사이에 일일이 다 열거할 수 없을 만큼 많은 드라마를 보았다.

　　미드를 시청했던 기억은 우리나라 드라마보다 훨씬 강하게 내 머릿속에 새겨져 있다. 그러나 '미드'라는 말의 의미를 알게 된 것은 그 말이 일반적으로 쓰이기 시작한 지 한참 후의 일이다. 수업시간에 학생들이 미드라는 말을 사용하는 것을 듣고서야 그 의미를 물어보았다. 미드란 '미국 드라마'의 단어 첫 글자만 따서 만든 신조어로, 당시 우리 사회에서는 이렇게 말을 줄여서 만든 애칭을 붙이는 게 유행이었다. 시청자들이 미국 드라마에까지 애칭을 붙여준 것은 흥미로운 일이었다.

　　어린 시절 미국 드라마는 텔레비전을 시청하는 주요한 이유이기도 했다. <타잔>, <600만 불의 사나이>, <소머즈>, <초원의 집> 등을 특히 좋아했던 기억이 난다. 그 시절에 본 한국 드라마는 오히려 기억이 가물가물하다. 대학을 졸업할 즈음해서는 <NYPD 블루>와 <X-

파일>을 즐겨보았다. 그 사이에 <맥가이버>를 좀 봤던 것 같은데, 그 외에는 별로 열심히 시청했던 미드가 없다. 그러고는 1980년대 중후반과 1990년대 전반부를 건너뛰어, <CSI>, <닥터 하우스>, <명탐정 몽크>, <로스트> 등을 열심히 보았다. 미국에서뿐 아니라 우리나라에서도 선풍적 인기를 모았던 <위기의 주부들>은 드문드문 시청하다가 이야기 맥락을 놓쳐버렸다. 최근에는 인터넷과 텔레비전을 통해 <소프라노스>, <트루 블러드>, <섹스앤더시티>, <매드맨> 등을 재미있게 보았다.

내가 가르치는 스무 살 안팎의 학생들은 1980년대에 태어났고, 그들의 어린 시절 기억 속에 미국 드라마는 그다지 큰 비중으로 자리 잡지 않은 것으로 보인다. 과거의 미드는 주말 저녁시간에 온 가족이 둘러앉아 시청하던 프로그램이었던 데 반해, 1990년대 후반과 2000년대에 돌아온 미드는 심야시간대에 마니아층을 공략하면서 자리 잡았다. 1980년대 중반 이전의 미드에 대한 기억이 거의 없거나 희미한 세대에게는 최근 우리나라 텔레비전에서 미드 편성이 증가한 것이 미드의 귀환이 아니라 완전히 새로운 현상으로 이해되었을 것이다.

1990년대 말부터 미드의 마니아층이 형성되면서 디지털 시대에 걸맞게 온라인 카페나 블로그 활동이 활발해졌다. 미드 마니아들은 온라인에서 나름의 커뮤니티를 형성해갔다. 거기에서 미드에 관한 정보와 의견을 교환하고, 프로그램의 업로드나 다운로드를 한다. 이러한 새로운 현상을 두고 문화연구가들은 깊은 흥미를 보였다. 문화연구는 드라마 텍스트에 대한 분석을 시도했고, 여성, 인종, 소비문화, 기업문화, 융합과 탈융합, 멀티플랫폼 현상 등에 대한 논의를 펼쳐나갔다. 미드의 팬카페에 게시된 글을 보면, 일반 네티즌들이 피상적으로 이해하는 부분들도 보이지만 전문가적 견해들이 오가기도 한다. 물론 전문가들이 카페의 회원으로 활동하고 있을 수도 있지만, 팬들이 미드를 하나의 문화현상으로 이해하는 수준은 전반적으로 매우 높은 듯하다.

이 책에서는 그동안 많이 다루어진 미드에 관한 문화적 측면의 이야기를 잠시 미루고, 우리나라 텔레비전 문화 속으로 깊숙이 들어온 미드의 생산 과정에 대한 이야기를 하려고 한다. 미드를 둘러싼 배경, 문화, 효과 등에 대한 이야기가 아니라, 미드라는 상품이 기획, 생산, 유통되는 과정에 대한 이야기를 공유하고자 하는 취지에서 이 책을 쓰기 시작했다.

　　드라마 팬의 한 사람으로서 드라마 시청에 이런 정보와 지식이 반드시 요구되지는 않는다는 점을 잘 안다. 하지만 미드를 시청하다가 문득 드는 여러 가지 궁금증에 대한 답을 찾으려면, 미드의 생산에 관련된 정보와 지식이 조금 필요할 것이다. 미드는 어떻게 한국 드라마 제작비의 20배가 넘는 돈을 투입할 수 있는가? 미드의 스토리는 누가 만들어내는가? 미드는 왜 에피소드마다 작가와 감독이 바뀌는가? 미드의 크레디트 자막에 나타난 '크리에이티드 바이(created by)'와 '스크린플레이(screenplay)'는 어떻게 다른가? 미드 스타들은 왜 그렇게 높은 출연료를 받는가? 미드 제작 과정에서도 표절 시비가 있는가? 이런 물음들은 무심코 지나가기 쉽지만, 일단 궁금증을 가지기 시작하면 대답이 간단치 않은 이야기들일 수 있다.

　　텔레비전 드라마를 포함한 영상 콘텐츠 산업은 결코 작은 산업이 아니다. 미국 전역에 영화와 텔레비전 관련 사업체 11만 5,000개가 있다. 이 중 81퍼센트는 고용 인원 10명 이하로 사업체 수 자체는 중요하지 않다. 하지만 영화와 텔레비전 산업이 창출할 수 있는 노동시장과 수입을 보면, 미국 영상산업의 규모를 짐작할 수 있다. 미국영화협회 (MPAA)의 자료에 따르면,[1] 2007년 미국 전역에서 250만 명 이상이 영화와 텔레비전 산업에 종사하고 있었으며, 이들에게 지급된 임금은 약 411억 달러(41조 1,000억 원)가 넘는다. 할리우드를 끼고 있는 캘리포니아 주에서 2007년 영화와 텔레비전 관련해서 지급된 임금만도 163억 달러(16조 3,000억 원)가 넘고, 같은 기간에 뉴욕 주에서는 74억 달러(7조 4,000억 원)가 넘는다. 캘리포니아 주와 뉴욕 주에 비교되는 수준은 아니지만, 일리노이, 텍사스, 플로리다, 조지아, 애리조나 주 등의 지역도 로케이션 촬영지로 활용이 되고 있다. 이 지역들도 영상 콘텐츠 산업이 창출해낼 수 있는 일자리, 관련 산업의 성장, 세수의 증가 등에 주목하며 영화산업에 힘을 기울이고 있다. 영상산업에 관심이 많은 우리나라로서는 거대한 영상 콘텐츠 산업을 가진 미국에 주목하지 않을 수 없다.

이 책의 집필은 미드의 대부분이 제작되는 로스앤젤레스에 머무는 동안 이루어졌다. 로스앤젤레스는 미국의 야심과 비전을 보여주는

---

1 MPAA, "Theatrical Market Statistics 2008," www.mpaa.org.

박물관이다. 그리고 세계에서 돈을 버는 영화의 대부분은 로스앤젤레스에서 나온다. 영화를 꿈꾸는 이들은 로스앤젤레스로 몰리고, 대부분 꿈을 이루지 못하고 거기서 사라져간다. 할리우드에는 영화와 드라마를 꿈꾸고 수많은 사람이 몰려오지만, 대부분 노력을 해도 성과가 없는 이들이고, 지극히 일부는 노력을 통해 간신히 자신의 이름을 세상에 알리며, 극소수의 선택받은 이들은 그들의 천재성을 노력이라는 옷으로 치장한다. 하지만 할리우드 영상산업은 소수의 천재뿐 아니라, 꿈을 못 다 이루고 저버린 수많은 이들의 노고 위에서 일어날 수 있었다.

    현재 영상 콘텐츠 산업의 많은 부분이 할리우드를 떠나 로스앤젤레스 동북부와 인근의 버뱅크 지역으로 이전하고 있다. 이제 할리우드 길은 하나의 유적지에 가깝지만, 그래도 여전히 영화산업의 상징으로 남아 있다. 할리우드 주변 지역에는 아직도 스튜디오, 배급사, 연예기획사, 배우 오디션 공고, 엑스트라 모집 광고, 드라마 신작의 옥외광고, 촬영 차량 등이 즐비하다. 물론 패션 상점과 식당이 더 많기는 하지만, 영화와 드라마와 관련된 산업의 모습이 그렇게 집약적으로 드러나 있는 지역은 세계적으로 드물다. 그런 분위기 속에서 이 책을 쓸 수 있었던 것을 큰 행운으로 생각한다.

　　　이 책의 1장 「미드의 추억과 귀환」은 서론, 12장 「미드에 대한 세 가지 오해」는 결론에 해당한다. 그 사이의 다른 장들은 순서에 상관없이 어느 장을 먼저 읽더라도 할리우드의 미드 생산 과정에 대한 전반적인 이해를 얻을 수 있도록 하는 데 중점을 두었다. 이 책은 미드 생산 과정과 할리우드의 모든 것을 일목요연하게 사전식으로 정리하는 방식을 피했다. 모든 독자에게 그렇게 세세한 사전과 같은 정보가 필요하지는 않으며, 번역이 되어 있든 아니든 간에 그런 책들이 다수 있는 것으로 안다. 이 책은 제작 예산을 이야기할 때도, 프로듀서·작가·배우·에이전트를 이야기할 때도, 원작이나 저작권을 이야기할 때도, 파일럿 작업이나 멀티플랫폼을 이야기할 때도 어느 한 측면만이 아닌 할리우드의 미드 생산 과정 전반이 독자들의 머릿속에 그려지도록 입체적으로 구성하는 데 중점을 두었다.

　　　필자의 의도대로 독자들이 읽어주는 것은 아니지만, 이 책은 두 유형의 독자를 가장 우선적으로 고려하였다. 첫째 유형은 언론학과 영상 관련학을 전공하는 학생들이다. 그들 중에 영상 콘텐츠 산업, 그리고 좁게는 미드의 생산과 할리우드 산업 시스템에 관심이 있는 이들이 많을 것이다. 또 다른 독자 유형은 미드에 심취해 있고, 더 많은 이해를 추구하는 미드 팬들이다. 미드를 시청하고 즐기는 데 생산 과정에 대한 이해가 필수는 아니지만, 이해하는 만큼 재미도 증폭될 것이다. 미드와 할리우드에 대한 피상적 이해를 넘어서 생산 과정에 대한 이해의 폭을 넓히고자 하는 모든 독자에게 읽는 즐거움을 줄 수 있기를 바란다. 드라마를 보지 않고 이 책만으로 미드를 이해해보겠다는 생각은 무리가 있다. 독자가 드라마에 더 친근할수록 이 책의 이야기들이 흥미롭게 다가올 것이다.

    필자도 이 책에 쓴 내용들을 처음부터 모두 알고 작업에 들어간 것은 아니다. 이 책의 작업 과정에서 새로운 자료들을 접하고 낯선 사람들과 이야기를 나누면서 많은 것을 배웠다. 또한 이 책의 작업은 필자가 연구년 동안 진행하던 몇몇 다른 연구에도 큰 도움이 되었다. 할리우드 영화와 미드 산업에 관련된 이들에게서 여러 가지 정보를 얻다 보니, 각 영역의 서로 배치되는 의견이나 자료를 접하기도 했다. 각 영역의 이해관계와 관련된 민감한 사안들이 특히 그러했다. 대질 확인을 할 수도 없는 상황이니, 그런 경우에는 기존의 문헌자료들을 종합하여 필자가 판단하기에 가장 일반적으로 보이는 쪽을 택했다. 어쩌면 극단적인 이야기들 중에 진실에 더 가까운 이야기가 있었을지도 모르지만, 필자는 업계 밖에서 바라보는 시각을 견지하기로 했다.

　이 책의 막바지 작업에서 자질구레한 이야기와 자료의 상당한 분량을 과감히 덜어냈다. 본문에 포함되지는 못했지만 재미있는 이야기들을 강의실에서, 혹은 필자의 블로그(http://blog.naver.com/whotalks)를 통해 차차 제공하고자 한다.

　이 작업에 집중할 수 있도록 연구년을 허락하고, 2009학년도 사회과학연구소의 교내연구비를 지원해준 서울여자대학교와 든든한 정신적 후원자인 언론영상학부 교수님들께 감사드린다. 로스앤젤레스에서의 조사와 취재를 다각도로 지원한 캘리포니아 대학교(University of California in Los Angeles, UCLA)의 텔레비전·필름스쿨(TFT)의 교수님들과 대학원생들, 특히 바바라 보일 교수에게 감사한다. 성가신 질문에 성심껏 응해준 스튜디오 관계자들, 영화 관계자들에게 감사하며, 어원에 관한 자문을 주신 서울여자대학교 영문학과 김성호 교수님께도 감사의 마음을 전하고 싶다. 참고문헌에 드러나 있기는 하지만, 이 책 작업에 참고한 많은 저술, 논문, 뉴스기사의 저자들에게도 감사의 마음을 전하고 싶다. 취재에 자주 동행해주고, 책 표지 그림의 원안을 그려준 장남 태영과 차남 도영에게도 고마운 마음을 전한다. 마지막으로, 이 책이 세상에 나올 수 있게 정성을 다해주신 편집자 이가양 님, 디자인팀, 기획팀 등 도서출판 한울의 모든 분께 감사한다.

2010년 3월
임정수

차례

• 머리말 5

1장 미드의 추억과 귀환 19

　　　　미드의 추억 20 / 미드의 침투력 23 / 미드의 퇴장 26 / 미드의 귀환 30

2장 저예산 미드는 없다 37

　　　　저예산 미드는 없다 38 / 미드의 예산 유형 41 / 미드와 스튜디오 42 / 스튜디오는 모험을 하는가? 46 / 바틀쇼(Bottle Show) 49 / PPL 52

3장 원작의 가치와 파워 59

　　　　드라마의 유혹 60 / 원작의 가치 62 / 원작 계약 64 / 메가히트 원작 작가들 67 / <해리포터>의 사례 70 / 원작 불패? 74

4장 흥행과 예술, 프로듀서의 역할 81

　　　　CSI와 제리 브룩하이머 82 / 프로듀싱팀 84 / 프로듀싱—기획 단계 89 / 프로듀싱—제작 단계 94 / 프로듀싱—배급 단계 96 / 할리우드의 프로듀서들 99

5장 할리우드에서의 미드 작가 데뷔 107

복수형의 할리우드 '작가들' 108 / 더 플레이어 112 / 무빙 투 LA(Moving to LA) 114 / 작가의 평가 120 / 작가길드와 계약 121 / 단계적 거래 126 / 할리우드 회계 129

6장 같은 아이디어를 가진 작가들의 저작권 수호 131

벤자민 버튼은 어디에서 왔는가? 132 / 나도 똑같은 생각을 했어! 134 / 원고 지키기 136 / 패트릭 베론과 작가파업 139 / 독창성(Originality) 지키기 140

7장 에이전트 시스템 143

에이전트 시스템 144 / 에이전트–매니저–변호사 147 / 주요 에이전시 151 / 에이전트의 길 156

8장 천정부지의 스타 개런티 159

6억, 연봉이 아니라 편당? 160 / 배우와 스튜디오의 힘겨루기 역사 164 / 배우의 상품 가치 167 / 스타는 흥행을 보장하는가? 171

9장 파일럿, 아직은 절반의 성공 175

Peil-Loth 176 / 파일럿의 진행 179 / 파일럿, 절반의 성공 185 / <로스트>의 사례 187 / <매드맨>의 사례 189 / 크레디트 190

10장 불확실성에 대한 대처 195

에디 머피의 함정 196 / 멀티플랫폼 202 / 스튜디오의 거대화 204 / 불확실성에 대한 대처: 사업 다각화 207 / 스핀오프와 리메이크 209 / 에피소드극 211

11장 텔레비전을 떠난 드라마 215

비아 도무스: 게임 제작 216 / 다르마와 하이퍼시리얼리티(Hyperseriality) 221 / 종결의 무의미: <소프라노스>의 사례 224 / 스포일러 226

12장 미드에 대한 세 가지 오해 229

미드는 사전 제작이다? 230 / 미드의 편성과 제작은 완전 분리다? 234 / 미드 성공의 열쇠는 높은 제작비다? 237

- 참고문헌 245
- 찾아보기 249

1장 미드의 추억과 귀환

미드라고 하면 <형사 콜롬보>(1971년 작)와 콜롬보 역을 맡은 피터 포크를 떠올리는 세대와, <트루 블러드>(시즌1, 2008년 작; 시즌2, 2009년 작)와 우리나라 시청자들에게 '숙희'로 더 잘 알려진 수키(Sookie) 역의 안나 파킨(Anna Paquinn)을 떠올리는 세대는 분명히 다르다.

미드의 추억

한 동료 교수가 수업시간에 코미디언 이기동을 언급했더니 학생들이 누구냐고 했다면서 세대 차이를 말한 적이 있다. 배삼룡, 이기동이 주도하던 1970년대 한국 코미디의 추억을 갖지 않은 세대에게 오래 전에 작고한 코미디 배우의 이름은 아무런 감흥을 불러일으키지 못했던 것이다. 요즘 초등학생들은 MC가 아닌 개그맨으로서의 신동엽과 유재석을 기억하지 못하고 이순재를 코미디언으로 알기도 하니, 이기동까지 갈 것도 없다.

미드도 그렇다. 미드라고 하면 <형사 콜롬보>(1971년 작)와 콜롬보 역을 맡은 피터 포크를 떠올리는 세대와, <트루 블러드>(시즌1, 2008년 작; 시즌2, 2009년 작)와 우리나라 시청자들에게 '숙희'로 더 잘 알려진 수키(Sookie) 역의 안나 파킨(Anna Paquinn)을 떠올리는 세대는 분명히 다르다. 최근 미드의 인기를 타고서 이미 잊힌 미드가 인터넷에 종종 떠돌고 있는 것을 보면, 또 다른 누군가도 1970년대 미드에 대한 추억을 떠올리고 있는 듯하다.

필자가 만 일곱 살이 되었을 때 비로소 14인치 흑백텔레비전이 안방에 들어왔다. 그 텔레비전은 다리가 네 개 달려 있고, 브라운관을 가리는 양쪽 미닫이문이 있는 하나의 완전한 가구였다. 그때까지 텔레비전 문화의 사각지대에 살고 있던 필자는 늘 소원하던 텔레비전이 집에 들어오자 닥치는 대로 보기 시작했다. <마린보이>, <캔디>, <꽃천사 루루>, <뽀빠이> 같은 애니메이션에서부터 <수사반장>, <토

지>, <전우>, <장희빈> 같은 프라임타임대 성인 대상의 한국 드라마, <타잔>, <소머즈>, <원더우먼>, <600만 불의 사나이> 등의 미드, 뉴스, <동물의 세계>, <장학퀴즈>, <명랑운동회>, <묘기대행진>, 복싱경기, 축구경기, 하루의 방송 종료를 알리는 애국가까지 빼먹지 않고 보았다. 게다가 정규방송이 시작하기 전부터 켜두고는 화면 색상 조정도 꼬박꼬박 30분씩 봤고, 화면 조정 시간 동안 간간이 AFKN의 <Sesame Street>를 시청하기도 했다. 그렇게 텔레비전과 함께 성장해왔기 때문에, 필자는 그 어떤 새로운 디지털 미디어보다도 텔레비전에 대한 애정이 깊다. 앞선 세대가 신문에 더 애정을 느끼듯이 말이다.

    미국 드라마가 '미드'라는 애칭으로 불리기 시작한 것은 2000년대 중반에 단어 첫 글자를 따서 줄여 쓰기가 유행하던 때의 일이지만, 우리나라 시청자가 텔레비전에서 실제로 미드를 본 역사는 오래되었다. 현재 대략 30대 중반에서 50대 초반 정도의 시청자들이 1970~1980년대에 <타잔>, <600만 불의 사나이>, <헐크>, <원더우먼>, <소머즈>, <맥가이버>, <A특공대>, <캐빈은 12살(The wonder years)> 등 수입된 미국 드라마에 열광한 적이 있다. 권선징악적 주제를 다루고 있는 미국의 에피소드 드라마는 단순하고 쉽게 예상되는 줄거리로 구성되었지만, 그 당시 한국의 멜로드라마와 비교해서 완성도가 높았고 시청자들에게 통쾌함과 화려한 환상을 불어넣어주기에 충분했다. 경제 발전과 기술개발에 박차를 가하던 시대적 배경 속에서 SF, 액션 미드들이 보여준 공상과학적 이야기들은 허황되기보다는 과학의 가능성과 그 너머의 세계까지도 경험하는 흥분을 제공했다.

표 1.1 1970~1980년대 우리나라 방송에 편성된 주요 미국 드라마

구분*	초방 네트워크(년)	국내 방영 채널
600만 불의 사나이	ABC(1974)	KBS
소머즈**	ABC(1976)	TBC, MBC
원더우먼	ABC(1976) CBS(1977)	TBC
맥가이버	ABC(1985)	MBC
캐빈은 12살	ABC(1988)	KBS2TV
두 얼굴을 가진 사나이, 헐크	CBS(1978)	KBS
타잔(시리즈1)	NBC(1966)	MBC
형사 콜롬보***	NBC(1971)	KBS
전격Z작전	NBC(1982)	KBS2TV
브이	NBC(1984)	KBS2TV

주: * 제목은 우리나라 방송에서의 제목으로 한다.
 ** 2007년 리메이크된 <바이오닉 우먼 소머즈>는 NBC에서 방송되었다.
 *** 처음 시작된 해는 1968년이지만, 정규 시리즈로 시작된 것은 1971년이다.

    당시의 미드는 무엇보다도 남녀노소가 다 둘러앉아 시청을 해도 별로 어색할 게 없었다. <타잔>만큼 배우들이 많이 벗고 나오는 드라마는 지금도 드물지만, 타잔과 제인이 좀 벗었다고 해서 아이들의 눈을 가리고 싶지는 않았다. <소머즈>처럼 무서운 여자가 등장하는 드라마는 요즘도 보기 어렵지만, 소머즈를 보면서 소름이 돋진 않았다. <헐크>처럼 엄청난 폭력이 나오는 드라마도 흔치는 않지만, 헐크를 보면서 청소년 범죄를 걱정하지는 않았다. 그래도 그 당시 정서 때문이었는지 <원더우먼>은 여자가 비키니만 입고 돌아다녀 센세이션을 불러일으키기는 했다.

미드의 침투력

한국 드라마가 성장하고 있던 과정에서 폭넓은 시청자층을 겨냥한 미드는 우리의 시청자들을 텔레비전 앞에 붙들어 두는 데 큰 기여를 했다. 그 당시 미드는 남녀노소는 물론이고 어느 나라 시청자가 보더라도 재미있을 만한 소재와 표현을 담고 있었다. 텔레비전이 문자 그대로 안방극장이던 시대에, 그리고 텔레비전 드라마 제작의 경험이 미숙한 비서구권 국가들에게 더없이 적합한 프로그램을 제공했던 것이다.

미드의 이같이 높은 침투력은 문화 제국주의 이론가들의 비판의 대상이 되기도 했다. 문화 제국주의란 미국이 미국적 문화를 텔레비전, 영화 등의 대중문화를 통해서 제3세계의 의식에 영향을 주어 궁극적으로는 문화상품뿐 아니라, 다른 미국 상품들의 소비시장을 개척하려고 한다는 생각을 말한다. 이러한 생각은 1960~1970년대에 전 세계적으로 광범위하게 퍼져나갔는데, 이는 미국의 정치적·경제적·군사적 팽창주의적 행보에 대한 반격으로 상당한 설득력을 얻어갔다. 그런가 하면, 1980년대 이후의 미국의 미디어경제학자들은 미국 문화상품의 세계적 지배력은 미국의 정치적·군사적 음모가 아니라 언어와 문화의 시장 규모에 따른 필연적 결과일 뿐이라고 문화 제국주의의 이론을 일축하기도 했다.

아무튼, 인종도 언어도 다른 배우가 생소한 스토리를 가지고 우리와는 전혀 다른 행동 양식을 보여주는 미드가 그렇게 높은 침투력을 가지고 있었다는 점은 놀라운 일이 아닐 수 없다.

그 첫 번째 배경으로 할리우드 영화 시청의 경험을 들 수 있다. 우리나라 시청자들은 1910년대부터 <쿼바디스>, <폼페이 최후의 날> 등의 수입된 할리우드 영화를 보아왔다. 우리나라의 시청자들이 이미 할리우드 영상 콘텐츠에 상당히 익숙해져 있었다는 점을 감안한다면, 미국 텔레비전 드라마의 수용도 어렵지는 않았을 것으로 가정해 볼 수 있다.

미드의 높은 침투력의 또 다른 배경은 미드가 폭넓은 시청자층을 대상으로 삼고 있다는 점에서 찾을 수 있다. 시청 대상층의 폭을 설정하는 것은 간단한 일은 아니다. 어떤 시청자층을 잡기 위해서는 포기해야 하는 시청자층도 생기기 때문이다. 어린이가 시청 가능한 수준의 내용과 표현을 채택하면 어린이 아이템에 이르기까지 상품화할 수 있는 가능성이 있는 반면, 성인 소비를 집중적으로 이끌어내는 데는 제한적일 수도 있다. 한편 어린이 시청자를 다소 배제한 수준의 폭력성과 선정성을 포함하면, 소비의 주된 시청자층의 시선을 끌 수 있는 반면 남녀노소가 다 함께 즐기는 열광적인 선풍을 일으키는 데는 제약이 있다.

내용 면에서 미드는 정의는 강하고 승리한다는 사실을 명쾌하게 보여주었다. 주인공이 승리할 것을 뻔히 알면서도 드라마 초반부에 악의 출현에 분노하고 악의 파워에 긴장하며, 정의의 편에서 응원하게 된다. 악이 강하면 강할수록 정의는 더욱 빛을 발하면서 시청자들을 흥분시킨다.

미드의 이러한 측면들은 미국이 세계의 평화를 지키는 주체라는 점과 그런 힘을 가지고 있음을 시청자들의 무의식 속에 심어주는 역할을 했다. 드라마 속의 악당은 언제나 미국이 아닌 세계 정복을 목표로

하고 있는데, 그 악당을 소탕하는 것은 전 세계인이 아닌 미국인이었던 것이다. 그것도 초능력을 가진 멋진 스타일의 주인공이었다. 미드는 미국인에게는 미국의 자존감과 우월감을 심어주었고, 미국인 외의 시청자들에게는 미국에 대한 동경과 자국에 대한 열등감을 심어주었다.

시청자들은 주인공이 초능력(초능력에 준하는 능력들)으로 문제를 해결하는 것을 보면서 현실로부터의 도피, 그것도 매우 자유로운 방식의 도피를 경험한다. 그 당시 미드에는 어김없이 초능력을 가진 주인공들이 등장했다. 현실에서는 도저히 해결되기 어려운 일이거나 이겨내기 어려운 악에 대항해서 초현실적인 능력으로 악을 제압하는 드라마는 시청자들을 중독 상태에 빠뜨렸다.

이러한 미드가 당시 우리나라 텔레비전 프로그램으로 편성된 것은 우연이 아니라, 우리나라 방송시장의 여건과 잘 맞아떨어졌기 때문으로 볼 수 있다. 무엇보다 미드를 편성하는 것은 예나 지금이나 직접 제작하는 것에 비해 비용이 현저히 저렴했다. 당시 우리나라의 방송은 재정적으로나 기술적으로나 특수효과가 그렇게 많이 포함된 드라마를 제작할 여력이 없었다. 또한 일반 멜로드라마라 하더라도 해외물을 구입하는 것이 직접 제작비용과는 비교도 되지 않을 정도로 저렴했다.

그뿐 아니라, 시청률 면에서도 미드의 편성은 나쁘지 않았다. 미드는 주말 늦은 오후와 초저녁의 비교적 중요한 시간대에 편성될 만큼 시청률을 확보하고 있었다. 대부분의 사람들이 6일제 근무를 하고 있었고, 여가활동이 지금처럼 활성화되어 있지 않아서 토요일 늦은 오후 시간대는 주요 시청시간대였다.

미드의 퇴장

그러던 미드가 1980년대 중반을 지나면서 우리나라 텔레비전에서 점차 힘을 잃기 시작했다. 그 이유를 몇 가지로 짚어내기는 어렵지만 개연성 높은 원인들을 중심으로 정리해볼 수는 있다.

첫째, 작품 자체에서 원인을 찾아보면, 1980년대와 1990년대 미국 드라마 중에 NBC의 <프렌즈>와 <사인펠드> 등의 시트콤을 제외하고는 이렇다 할 히트작이 없었다. 이 당시 주목받은 작품들은 대개 30분 이내의 에피소드로 구성된 시트콤이었다. 미국의 방송 편성에서도 시트콤이 주요 시간대를 차지했다. 지상파 네트워크가 시트콤 중심으로 프라임타임대를 편성하던 경향은 1990년대 말까지 계속되다가, HBO의 드라마 시리즈인 <소프라노스>의 열풍을 계기로 주춤해졌다.[2] 시트콤의 핵심은 사건의 맥락 속에서 이해될 수 있는 유머인데, 다른 언어권과 문화권의 시청자들이 수용하기에는 분명히 한계가 있었다. 또한 시트콤이라는 것은 광범위한 시청자층에 동시에 어필하기 어려운 장르이기도 했다. 미국 내에서도 각 시트콤마다 연령과 인종 등에 따른 제한적인 시청자층을 가지고 있으며, 해외시장에서는 언어적·문화적 한계까지 있다 보니 세계적 히트작이 드물 수밖에 없었다.

그런 이유로 우리나라에 소개된 미드 중에도 이렇다 할 만한 작

---

[2] J. L. Longworth, *TV creators* (Syracuse, NY: Syracuse University Press, 2002), p.21.

품이 많지는 않았다. <베버리힐스의 아이들>(1990년 작), <천재소년 두기>(1989년 작) 등이 있기는 했지만, 그나마 어린이와 청소년 대상의 프로그램들이 주종을 이루었다. 이 드라마들은 광범위한 연령대의 시청자들을 망라하던 1970년대의 미드와는 분명한 차이를 보인다. <베버리힐스의 아이들>은 미국에서 큰 인기를 모았고, <90210>으로 리메이크되었으며, <멜로즈 플레이스> 등의 스핀오프[3]로 이어지기도 했다.

둘째, 미드가 힘을 잃은 또 다른 중요한 이유는 우리나라 드라마의 성장이었다. 1992년 MBC 드라마 <질투>가 시청자들의 관심을 받으며 트렌드 드라마로 불리는 젊은 취향의 멜로드라마의 전성시대를 열었다. 이는 MBC의 1992년 작 <약속>, 1993년 작 <매혹>, 1994년 작 <마지막 승부> 등의 성공으로 이어졌다. 또 1995년 현대사를 조명한 SBS 드라마 <모래시계>는 시청률 60퍼센트를 넘어설 정도의 대단한 인기를 누렸다. 1990년대는 우리나라 드라마가 폭발적인 인기를 끌기 시작하여 사실상 미국 드라마가 발붙이기 어려운 시기였다고 할 수 있다. 이러한 현상은 드라마뿐 아니라 음악, 영화 등에 이르기까지 대중문화 전반으로 이어졌다.

자국 제작의 드라마에 대한 시청자들의 관심이 높아지고, 드라마 제작 수준이 향상되면 그만큼 수입 드라마는 경쟁에서 불리해진다. 언

---

3 스핀오프(spin-off)에는 여러 가지 의미가 있는데, 일반적으로 기존의 것으로부터 분리되어 나온 새로운 것을 의미한다. 기존의 큰 기업으로부터 새로운 기업체로 독립하는 것을 의미하기도 하며, 드라마의 스핀오프처럼 기존 드라마의 핵심적인 부분을 가지고 새로운 작품을 만들어내는 것을 의미하기도 한다.

어와 문화적인 차이가 있는 해외시장에서 그 가치가 평가절하된다는 의미의 문화적 할인 개념은 이러한 현상을 어느 정도 설명해준다. 작품의 질적 수준 차이가 현저할 때에는 더빙을 하거나 번역 자막이 뜨는 해외 프로그램을 자국 프로그램보다 선호하기도 하지만, 자국 프로그램의 수준이 해외 프로그램의 수준에 상당히 근접하면 언어적·문화적으로 친숙한 자국 프로그램을 더 선호하게 된다는 것이다. 비록 자국 프로그램의 수준이 해외 프로그램의 수준과 동등해지거나 그것을 능가하지는 않더라도 시청자들은 자국 프로그램을 선택할 가능성이 높다.

이러한 문화적 할인 가설을 채택하여 설명해본다면, 1990년대부터 한국 드라마의 질적 수준은 적어도 과거보다는 향상되고 있었다고 볼 수 있다. "적어도 과거보다는"이라는 소극적인 표현을 사용한 것은, 미드에 관심이 높은 독자들은 이미 감지했겠지만, 미드와 한국 드라마의 기획력, 소재의 참신성과 다양성, 제작비 규모 등이 도무지 비교의 대상이 되지 않기 때문이다. 고비용이 투입되는 대형 전투 장면을 포함하는 우리나라의 사극과 인기 미드를 비교한다고 해도, 미드의 직접 제작비가 20배 이상이나 높다. 이러한 이유로 우리의 드라마와 미드의 질적 수준에 대해 직접적인 비교를 피하려는 것이다.

그럼에도 자국 드라마가 수입 드라마와의 경쟁에서 이기기 위해서 질적 수준을 꼭 동등하게 유지할 필요는 없다. 앞서 언급했듯이 수입 드라마는 문화적 할인으로 가치가 평가절하되므로, 자국 드라마의 질이 수입 드라마의 질에 접근해갈수록 수입 드라마는 불리해진다.

물론 질적 수준에 대해서는 이견이 많을 것이다. 질은 언제나 주관적인 것이며, 무엇을 평가 기준으로 삼느냐에 따라 큰 차이를 보일 수 있기 때문이다. 그러나 분명히 밝히고 넘어갈 것은 여기서 말하는 '질'이 순수예술적 깊이를 논하는 것은 아니라는 점이다. 솔직히 순수예술적 깊이로 말하자면, 저예산 독립영화, KBS의 TV문학관, MBC의 베스트극장 등이 더 나을 수도 있다. 산업적 측면에서 드라마나 영화의 '질'은 구성의 탄탄함, 스토리의 참신함과 시청자를 매료시키는 힘, 에피소드 간의 고른 수준, 안정적 연기, 로케이션과 세트의 품격, 특수효과, 소품 등의 정교함, 촬영기법 등이 모두 어우러진 복합적 의미에서의 질을 의미한다. 그런데 이런 것들은 작가, 프로듀서, 감독의 예술정신에서만 나오는 것이 아니라, 자본력에 크게 좌우된다.

할리우드에서 기술이 좋은데 보수를 적게 요구하는 이는 없다고 봐야 한다. 이들은 누구보다도 스스로의 가치를 잘 알고 있으며, 혹 본인이 자각하지 못하더라도 영화 인력 시장이 "당신의 1시간은 몇 달러"라고 정확히 알려준다. 그보다 더 많은 돈을 받고 싶거나 덜 주고 어떻게 때워보려는 욕심은 대체로 허사로 돌아가기 마련이다. 예술을 돈으로 사려고 하지 말라는 말은 할리우드에서는 통하지 않는다. 할리우드에서는 예술을 돈으로 사고판다. 거기에 죄책감이나 자괴심은 없다.

셋째, 미드를 퇴장시키고 시청자들의 시선을 국내 드라마에 고정시킨 결정적인 계기는 대단한 바람을 일으키며 등장한 드라마 스타들이었다. 1990년대 드라마는 최진실, 심은하, 장동건, 고현정, 이정재, 최수종, 하희라, 김희애, 김희선, 이병헌 등 새로운 세대의 스타들을 드라마 시장에 내놓았다. 이들 스타는 10대는 물론이고 청장년층에 이르기까지 비교적 넓은 팬층을 확보했다. 1990년대에서 2000년대로 이어지면서 배용준, 이영애, 최지우, 안재욱, 박용하, 송혜교, 장나라 등의 스타들이 나와 아시아 지역에서 한류를 일으키는 데 큰 기여를 했다.

넷째, 미드의 퇴장에 영향을 미친 드라마 외적인 변인이 하나 있는데, 그것은 시청자들의 라이프스타일 변화이다. 1990년대부터 정치적으로 민주화되고 이념적 쟁점들이 퇴색하면서 젊은이들의 여가 문화가 발달하기 시작했고, 새로이 정착되어가던 5일제 근무와 맞물려 주말이 주요한 시청시간대에서 밀려나기 시작했다. 지상파방송사는 토요일 초저녁에 안일하게 해외 프로그램에 의존하기보다는 엔터테인먼트 프로그램들을 편성함으로써 시청률 경쟁에 나섰다. 이러한 편성 전략은 지금까지도 이어지고 있어, 주말의 이른 저녁 시간대에는 유재석, 강호동 등 인기 MC를 중심으로 한 버라이어티 오락 프로그램이 주를 이룬다. 이런 버라이어티 오락 프로그램들은 드라마의 인기를 능가하기도 하며, 중국과 일본 등에 수출되는 주요 프로그램 장르에 편승하였다.

이런저런 내외적인 이유들이 복합적으로 작용하면서, 1980년대 중반 이후 미드는 시청자들의 관심으로부터 멀어지고 있었음이 분명하다. 그 대신, 한국 드라마의 새로운 장이 열리고 있었다.

미드의 귀환

1990년대에 미드는 우리나라 드라마에 밀려 편성시간대의 변두리로 밀려났지만, 아예 사라진 것은 아니었다. 심야시간대에 편성된 <X-파일>과 <NYPD 블루> 등은 상당한 성인 마니아층을 확보하여 우리나라 방송에서 미드가 재기하는 전주가 되었다. 필자의 개인적 경험을 말하자면, <X-파일>이 스토리 면에서 흥미를 유발시켰다면, <NYPD 블루>는 일반적인 수사물과는 다르게 대도시의 우울함을 감성적 영상으로 그려서 좋았다.

    <X-파일>은 음모론에 기초한 드라마로, 미국 정부가 은폐하고 있을 것 같은 신비로운 초현실적 일들에 대한 이야기로 단번에 시청자들을 매료시켰다. FBI 정보요원인 멀더와 스컬리는 서로 다른 캐릭터로 사건에 접근해 들어간다. 멀더는 초과학적 현상 자체의 가능성에 대해 상당히 열려 있고, 스컬리는 대단히 이성적으로 문제에 접근하고자 하면서 두 주인공은 갈등과 협조 관계를 유지한다. 처음에는 스컬리가 초자연적 방법에 동조하는 멀더에 저항하지만 점차 이성적으로만 문제에 접근하는 데 한계가 있음을 직감한다. 매번 그런 패턴이면 생각과 태도를 좀 바꿀 만도 한데, 에피소드극이다 보니 매 에피소드에서 이들의 성격적 대립과 문제에 대한 접근은 일정한 형태로 유지되고 있다. 드라마의 흥행에 힘입어 2008년 극장용 영화로 제작된 <엑스파일: 나는 믿고 싶다>는 드라마에서 주인공을 맡은 데이비드 듀코브니와 질리안 앤더슨이 직접 출연했음에도, 기획의 실패로 <X-파일> 특유의 분위기를 상실하고 흥행에 완전히 실패했다.

    <NYPD 블루>는 스티븐 보치코와 데이비드 밀치(Steven Bochco & David Milch)의 창작으로 스티븐 보치코 프로덕션과 20세기폭스사가

제작하여 ABC에서 1993년부터 방송하기 시작했다. 뉴욕을 배경으로 어두운 거리의 사건들과 이를 추적해 들어가는 뉴욕 경찰을 역동감 있는 카메라 워킹을 통해서 독특하게 표현해내 시선을 끌었다. 일반적인 경찰물과는 달리 서정적인 분위기를 연출했는데, 그렇다고 이 드라마에서 인간적인 따뜻함이 배어 나오는 것은 아니었고, 단지 푸른빛 톤의 다소 우울한 분위기로 잔혹한 범죄 장면, 추격 장면 등을 얇게 덮었다고 보는 것이 더 적절할 듯하다. 그런 가운데 수많은 표피적인 삶들로 얽혀 있는 대도시의 정서를 시청자에게 전달했다.

  이 두 편의 미드를 통해서 미드 편성의 가능성을 확인한 우리나라 지상파방송사는 2000년대 들어 더 적극적으로 미드를 편성했다. 2000년 CBS가 제작한 <CSI: Crime Scene Investigation>이 2001년부터 MBC와 OCN 등을 통해 국내에 방송되면서 본격적으로 미국 드라마 붐이 시작되었다고 할 수 있으며, 이 드라마에 이어 <CSI: NY>, <CSI: Miami> 등의 스핀오프 시리즈가 계속 제작되었다. 라스베이거스를 배경으로 한 <CSI: Crime Scene Investigation>은 2009년 시즌10까지, <CSI: NY>는 2009년 시즌6까지, <CSI: Miami>는 2008년 시즌7까지 미국에서 방송되었다. 이 드라마는 많은 CSI 온라인 카페까지 생길 만큼 인기를 누리고 있다. 2004년 ABC가 제작한 <위기의 주부들(Desperate Housewives)>도 KBS, 캐치온, OCN 등을 통해 2005년부터 우리나라에 소개되면서 미국 드라마의 마니아층을 형성하는 데 큰 역할을 했다.

  2000년대 미드 열풍이 우리나라 방송에서 다시 일게 된 데는 복합적인 배경이 작용했다고 볼 수 있다. 미국의 미디어 시장 환경의 변화와 작품 자체의 풍성함, 우리나라 방송시장의 환경 변화, 미디어 기술 환경의 전반적 변화 등을 들 수 있다.

첫째, 작품 자체의 질적·양적 풍성함을 들 수 있다. 뚜렷한 히트작이 없이 1980년대와 1990년대를 흘러오다가, 1990년대 후반부터 서서히 미국 드라마에서 세계적인 히트작들이 등장하기 시작했다. <CSI>, <위기의 주부들>, <프리즌 브레이크>, <섹스앤더시티> 등 많은 드라마 시리즈들이 나왔다.

1990년 중반 이후의 미드 활성화는 1995년 있었던 미국 방송정책인 핀신 규칙(Fin/Syn Rule, Financial Interest and Syndication Rule)의 폐지와도 무관하지 않다. 핀신 규칙은 네트워크는 프로그램의 방영권만 가지며 신디케이션을 통해 재정적 이익을 볼 수[4] 없도록 규정한 제도로, 독립제작사를 활성화하고 네트워크 수직 결합 및 독과점을 제한한 제도였다. 그러나 이 제도가 독립제작사 활성화에 실제로 기여하기보다는 메이저 스튜디오의 이익에 더 기여하고 있다는 비판이 제기되면서 1991년부터 1995년까지 단계적으로 폐지되었다.

그렇게 되자 1990년대 중반부터 현재에 이르는 시기 동안에, 네트워크를 소유한 할리우드 메이저 스튜디오를 중심으로 자체 텔레비전 스튜디오를 가동시킴으로써, 실질적인 인하우스 제작체계(in-house

---

[4] 방송 네트워크가 프로그램의 저작권을 확보하여, 네트워크 방영 이후 케이블방송이나 독립방송사 등에 제한적 방영권을 유통시켜 돈을 버는 기업 활동을 의미한다.

production)를 구축했다. ABC는 1985년에 설립된 터치스톤 텔레비전(Touchstone Television)을 2007년에 ABC스튜디오로 이름을 바꾸었다. NBC 유니버설 그룹은 2004년에 NBC 유니버설 텔레비전 그룹을 설립했고, 2007년에는 그 산하에 유니버설 미디어 스튜디오(이전에 NBC 유니버설 텔레비전 스튜디오로 불림)를 설립했다. CBS는 파라마운트 텔레비전과 CBS 스튜디오를 합병하여 2006년에 CBS 텔레비전 스튜디오를 설립했다. 뉴스코프사의 Fox 텔레비전 스튜디오는 1997년에 설립되었다. 반면 소형 드라마 독립제작사는 독립적인 생존이 어려워져 메이저 스튜디오의 하청업체로 남든지 사라지든지 결정해야 했다.

드라마 제작으로부터의 재정적 이익이 보장되면서, 네트워크는 대형 미드 제작에 박차를 가하게 되었다. 독립제작사들은 핀신 규칙의 재도입을 주장하지만, 이미 1980년대의 미디어 기업 거대화 과정을 거치면서 네트워크와 한배를 타게 된 할리우드 메이저 스튜디오가 1970년대처럼 독립제작사의 입장에 동조할 리가 없었다.

둘째, 이 장의 서두에서 이야기했듯이, 1990년대 중~후반에 국내에서 주목받았던 <X-파일>과 <NYPD 블루> 등에 힘입어 지상파방송사가 주말과 일요일 오전 시간대를 이용하여 더 다양한 미드를 소개하기에 이르렀다. <CSI>, <닥터 하우스>, <명탐정 몽크>, <로스트>, <그레이 아나토미> 등이 그 예이다.

셋째, 미드의 귀환은 1990년대 중반부터 시작하여 현재에 이르기까지 진행된 케이블방송의 성장으로부터 기인하는 측면도 있다. 캐치온, 슈퍼액션, OCN, FOX채널, FOX Life, On Style, Ch.CGV, MBC에브리

원, AXN 등이 미국 드라마를 적극적으로 수입하여 시청자들의 미국 드라마에 대한 시청 선호를 유도했다. OCN, 슈퍼액션은 CSI데이, 슈퍼데이 등 인기 있는 특정 미국 드라마로 24시간 대형블록편성(일명 'Day 편성')을 하는 새로운 편성 전략을 구사하여 마니아층의 큰 호응을 얻은 바 있다. 몇 차례의 시험적 편성 이후, 데이편성은 미드를 제공하는 케이블 네트워크에서 보편적인 편성 전략의 하나가 되었다.

그렇지만 모든 미국 드라마가 시청률에서 성공을 거둔 것은 아니었고, 이들 수입 프로그램들 중 상당수는 시간 때우기 용으로 편성된 것이라고 볼 수 있다. 국내 지상파방송사와 케이블방송사들은 늘어난 방송 콘텐츠 수요를 국내 제작 투입 비용보다 더 저렴한 해외 프로그램으로 충당하는 전략을 쓰게 되었다.

<위기의 주부들>, <그레이 아나토미>, <닥터 하우스>, <CSI> 등 주목받은 미국 드라마의 시청률은 2006~2007년 기준으로 지상파방송에서는 4~5퍼센트 안팎이었으며, 케이블방송에서는 1~2퍼센트 안팎이었다. 우리나라에서 미국 드라마의 인기는 단순히 시청률이나 편성 비율에 반영되기보다는 마니아층을 확보하면서 퍼져나가고 있는 추세다. 이러한 경향은 수입 콘텐츠의 편성이 주로 심야시간대를 중심으로 자리 잡고 있음에서도 확인할 수 있다.[5] 그렇다고 해서 미국에서 인기를 끈 모든 드라마가 우리나라에서 주목을 받은 것은 아닌데, HBO의 <소프라노

---

5 정윤경, 「방송 프로그램 수입과 수용」(KBI 연구보고서, 2003).

스>와 ABC의 <어글리 베티>는 미국에서 대단한 인기를 끌었음에도 우리나라 시장에서는 그다지 주목받지 못한 대표적인 사례가 되고 있다.

넷째, 인터넷을 통한 미드의 시청이 용이해졌다. 인터넷을 통해 미드 시청자 커뮤니티가 형성되고, 회원 간의 미드 정보 공유와 드라마 파일 공유가 이루어졌다. 전문 파일 공유 사이트들에서도 미드의 유통이 이루어졌다. 그중에는 불법적 성격의 파일 공유도 있었겠지만, 인터넷의 발전이 미드의 귀환에 기여했다는 사실은 틀림없다.

다섯째, 드라마나 방송환경과는 다소 거리가 먼 이야기이지만, 영어 공부에 관심 있는 시청자들이 미드를 적극적으로 활용하기 시작한 것도 미드 귀환에 부분적으로 기여했다고 본다. 영어 공부하려고 드라마를 본다면 재미라기보다는 그것도 일이겠다 싶지만 아무튼 현실은 그러했다.

2장 저예산 미드는 없다

스튜디오가 하는 모든 일을 한마디로 요약하면, "가능한 한 불확실성을 줄이는 일"이다. 스튜디오가 모험을 하는 기업이라고 생각하고 접근하는 프로듀서나 감독이 있다면, 그는 스튜디오를 이해하지 못한 것이며 스튜디오와 대화를 더 이상 이어나가기 어렵다.

저예산 미드는 없다

2009년 우리나라에서 제작비 1억 원 미만이 투입된 독립영화 <워낭소리>가 300만 관객을 모으자, 저예산 고수익 영화도 제작 가능하다는 흥분에 휩싸였다. 어려운 여건 속에서도 좋은 결과를 일궈낸 제작사, 감독, 모든 제작진은 이 흥분을 즐길 자격이 충분히 있다. 그러나 분명히 해둘 점이 있다. 이런 의외의 빅히트에 독립영화 감독 지망생들은 희망을 가질 수 있지만, 산업적 측면에서 볼 때는 특별한 희망을 의미하지 않는다는 점이다. <워낭소리>의 빅히트는 저예산 독립영화의 존재감을 인식시키기에는 충분했지만, 어떤 일반론도 만들어내지 못했다. 예를 들면, "<워낭소리> 따라 하면 십중팔구는 성공한다"는 주장을 할 수 없다는 말이다.

그래도 텔레비전 드라마 수준에 못 미치는 제작비를 투입하고도 영화를 만들 수는 있다. 다른 상업영화제작비의 30분의 1에도 못 미치는 제작비를 가지고 수입을 내기도 했다. 우리나라 극장 상영 영화의 평균 제작비(순제작비+마케팅비)는 2006년 40억 2,000만 원, 2007년 32억 2,000만 원, 2008년 30억 1,000만 원이었다. 블록버스터급 할리우드 영화의 경우에 그 제작비가 대개 2억 달러를 넘어서고 있어, 원화로 환산하면[1] 대략 2,000억 원 규모에 이른다. 미국의 개봉작 평균 영화제작비

---

[1] 이 책에서 모든 달러 환율은 시세에 상관없이 편의상 1달러=1,000원으로 계산했다.

는 6,000만 달러(600억 원)를 넘어서고 있다. 심지어 미국에서는 독립영화의 규모도 커져서, 수백만 달러에서 1,000만 달러에 이르는 제작도 이루어진다. 독립영화에서 이 정도 규모가 적절한지에 대한 논의는 차치하더라도, 미국 독립영화 최고 수준의 제작비 규모는 미국 평균영화제작비의 6분의 1에도 못 미친다.

    1시간짜리 미드의 제작비는 한국의 극장용 영화보다 높은 수준이다. 잘 만들어진 미드가 벌어들일 수 있는 수입을 고려한 투자라고 봐야 하지만, 그 제작비의 규모는 직접 제작비만 에피소드당 수백만 달러에 이른다. 원화로 계산하면 미드 시리즈의 한 에피소드에 25~40억 원 정도가 투입되며, 60억 원을 넘는 작품들도 나오고 있다. 참고로 우리나라 드라마의 경우, 미니시리즈는 보통 편당 8,000만 원에서 2억 원 정도 투입되고, 사극이나 해외 로케이션이 많은 경우에는 5억 원 이상도 소요되고 있지만, 여전히 미드의 제작비와는 비교도 안 된다.

    그렇다면 미국 텔레비전 시장에서 저예산 미드 시리즈가 가능한가? 결론부터 말하자면, "아니오"이다. 미드 시리즈마다 예산 규모에 차이가 있겠지만, 영화에서처럼 평균적 작품보다 현저하게 낮은 제작비를 투입하는 미드 시리즈의 생산은 가능하지 않다. 미드 제작의 순서상으로는 스토리의 윤곽이 나오고 파일럿의 대본이 나와야 예산이 책정되지만, 미드의 예산에 대한 이해가 좀 있어야 나머지 부분을 이해하기 쉽다. 그렇기 때문에 원작이나 대본에 앞서 예산에 대한 이야기로 시작하려고 한다.

    표면적으로 할리우드 영화와 미드의 제작은 동일 시스템하에서 움직이는 것처럼 보이지만, 영화와 방송의 시장구조는 물론이고 시청자들의 접근에서도 차이가 있다. 기본적으로 영화는 관객이 의도성을 갖고 영화관에 찾아가서 돈을 내고 관람하지만, 텔레비전 드라마 시청은 뚜렷한 선호나 의지 없이 시작되기도 한다.

영화는 저예산 작업을 표방하더라도 저예산이라는 것을 감안하여 예술성에 대한 평가에 중점을 둘 수 있다. 저예산 영화를 관람하는 관객들이 스펙터클을 기대하거나 스타 배우의 연기를 기대하지는 않을 것이다. 저예산 영화 관람자는 영화 창작자가 무엇을 말하고자 했는지 생각하면서 영화를 본다. 큰 수입을 기대하지도 않으면서 왜 이 영화를 창작했는지 고심하면서 봐야 할 때도 있다. 그래서인지 독립영화를 보고 나면, 할리우드 블록버스트 영화를 볼 때와는 달리 두통이 생기기도 한다. 모든 독립영화가 재정적으로 성공할 수 없는 것은 아니다. 간혹 저예산 영화로 큰 수입을 올리는 경우를 볼 수 있다. 그런 뜻밖의 빅히트는 언론의 주목을 끌기 마련이다. 아무튼 일반적인 일은 아니다.

텔레비전 드라마는 이와는 다르다. 애호가를 자처하는 이들이 찾아서 보는 저예산 영화와는 달리, 텔레비전 시청자들은 특정 프로그램을 선택해서 시청할 때 이런저런 사정을 감안해서 너그럽게 감상해주지 않는다. 주목받지 못한 텔레비전 프로그램은 네트워크 편성에서 당장 빠지거나 적어도 다음 시즌 계약을 이끌어내지 못한다.

텔레비전 드라마는 시간대별로 장르별로 제작비의 범주가 나누어지기는 하지만, 제작비의 축소를 통해서는 의미 있는 프로그램을 생산하기 어렵다. '의미 있다'는 말은 예술성이나 작품성을 의미하는 것이 아니라, 텔레비전 프로그램으로서의 존재 의미가 있다는 말이다. 저예산 텔레비전 드라마를 제작할 돈이 있다면, 토크쇼나 리얼리티쇼를 제작하는 것이 훨씬 안정적이다. 미드 시리즈의 제작비는 블록버스트급 영화의 수준에는 감히 미치지 않지만, 일정 수준 이상을 유지할 수밖에 없다. 그렇기 때문에 저예산 영화는 있어도 저예산 미드 시리즈는 없다.

미드의 예산 유형

다소 딱딱하더라도, 미드의 예산 유형을 잠깐 짚고 넘어가는 것이 좋겠다. 미드의 예산 책정 방식은 스튜디오에 따라서 다르므로 일률적으로 말할 수는 없지만, 일반적인 경향을 중심으로 정리해보면 크게 두 가지 유형의 예산으로 나눌 수 있다.

첫째는 순제작비인데, (a) 원작 사용, 프로듀서·작가·감독·배우(엑스트라 제외)의 인건비 등의 회계장부상에서 ATL(above-the-line)로 불리는 비용, (b) 기술 스태프 및 보조연기자 등의 인건비, 시설 및 장비 사용료, 의상 및 소품 관련 비용 등의 BTL(below-the-line)으로 불리는 비용, (c) 편집, 음악, 타이틀, 편집 효과 등의 후반 작업(post-production) 관련 비용 등을 포함한다. (d) 또한 에피소드당 순제작비의 예산이 미리 산출되지만, 에피소드의 특수한 내용에 따라 추가되는 비용을 미리 일정 부분 산정해둘 수 있다. 프로듀서는 그 예산 범위 내에서 어떤 에피소드에 더 집중적으로 비용을 투입할 수도 있고, 다른 에피소드에는 상대적으로 적은 비용을 투입하거나 기본적으로 책정한 예산만 사용할 수도 있다. 때로는 다른 에피소드에서 사용한 과도한 비용을 만회하기 위해서 비용 지출을 극도로 절제하기도 한다.

정해진 바는 없지만, 미드 제작에서는 캐스팅 비용의 비율이 영화만큼 높지 않아서 (a)와 (b)는 대략 비슷하게 책정되며, (c)는 (a)나 (b)의 40퍼센트 정도로 책정된다. 대형 스타들이 캐스팅되는 영화에서는 (a)가 (b)를 훨씬 능가하는 것이 보통이다. (b)는 사실상 비용이 거의 균일가로 확정되어 있어 특별히 줄이거나 늘릴 수 있는 여지가 별로 없다. 캐스팅 비용에 따라서 (a)가 변하는 것으로 봐야 한다.

둘째는 고정비용(fixed cost)으로, 개별 에피소드의 제작에 투입되지 않지만 제작 전반에 소요된 비용으로 회계 방식에 따라 별도로 책정해 둘 수도 있고, 전체 에피소드 편수로 분산시켜 계산할 수도 있다. 그렇게 되면 에피소드가 많을수록 에피소드당 나누어진 고정비용은 줄어든다.

고정비용은 영구적 세트 제작비, 세트를 설치하는 비용과 철거하는 비용, 서류박스 처리 비용, 청소 비용, 의상 운반 및 정리 비용, 휴일 동안 작업할 수 없을 때 사무실, 장비, 시설, 소품 등을 유지하기 위해 지불된 비용 등을 포함한다.

미드와 스튜디오

텔레비전 드라마 제작을 위해서 누가 돈을 지불하는가? 미드의 대표적인 재원은 할리우드의 메이저 스튜디오이다. 할리우드 스튜디오와 텔레비전 네트워크와의 결합 관계를 보면 그 이유를 알 수 있다.

할리우드 메이저 스튜디오는 지상파 네트워크[2]와 케이블 네트워크[3]를 소유함으로써 수직적 결합을 형성하고 있다. 타임워너의 HBO 소유, 디즈니사의 ABC 소유, 타임워너와 CBS의 CW[4](WB와 UPN의 합병)에 대한 공동소유 등이 그러한 예이다. 네트워크가 스튜디오를 소유한 경우도 있다. CBS가 비아콤(Viacom)에서 분리되어 CBS텔레비전 스튜디오를 소유하고 있는 것이 그 대표적인 사례이다. 상식적으로는 한 네트워크가 다른 미디어 그룹과 손을 잡고 경쟁 관계가 될 수 있는 네트워크를 운영하는 것이 이해가 되지 않지만, CBS가 CBS텔레비전 스튜디오와 수직 관계에 있는 네트워크를 더 확보하고자 했던 것으로 해석할 수 있다. 네트워크와 수직적 관계를 형성하고 있지 않는 소형 스튜디오나 독립제작사가 네트워크에 드라마 시리즈를 공급하기 어려운 구조를 하고 있다.

1995년 네트워크가 프로그램의 저작권을 가지고 재정적 이익을

---

[2] 미국의 지상파 네트워크는 ABC, CBS, NBC, FOX, The CW를 말한다.
[3] 케이블 네트워크는 그 수가 매우 많지만, 지상파 네트워크에 준하는 신규 드라마 시리즈를 제작하는 곳으로는 HBO(타임워너 계열사), Showtime(CBS 계열사) 등이 있다. 드라마를 편성하는 대부분의 케이블 네트워크는 지상파 네트워크와 HBO, Showtime 등의 주요 케이블 네트워크사가 일차로 방송한 드라마 시리즈의 방영권을 신디케이션을 통해 구입하여 제한된 기간 동안 제한된 횟수만큼 방송한다.
[4] CW는 스스로 18-34세 여성을 주요 시청자층으로 삼는다고 밝히고 있으며, <가십걸>, <베버리힐스90210>, <스몰빌>, <멜로즈 플레이스>, <뱀파이어 다이어리> 등의 드라마를 방송했거나 현재 방송하고 있다.

취하는 것(신디케이션 활동)을 금하는 핀신 규칙이 완전히 폐지되어, 네트워크와 스튜디오의 수직적 결합이 본격화되었다. 그 결과, 메이저 스튜디오와 연계되거나 종속되지 않은 독립제작사가 설 자리는 급격히 좁아졌다. 네트워크를 미리 확보하고 있는 스튜디오의 작업과 네트워크와의 거래 때마다 매번 새로운 각오로 임해야 하는 소형 스튜디오나 독립제작사의 작업은 전혀 다르다. 최근 인기를 끌고 있는 대부분의 미드가 수직적으로 결합된 스튜디오를 통해서 생산되고 있음에 주목할 필요가 있다. 독립제작사는 좋은 아이디어나 대본을 확보하여 메이저 스튜디오와의 대화선을 늘 유지하고 있어야만 한다.

저예산 독립영화도 뉴욕이나 할리우드에서는 투자자를 확보해서 작업을 하는 경우가 많으며, 작은 프로덕션을 통해서 작업을 하는 경우가 많다. 때로는 창작자 개인의 돈으로 작업하는 경우도 있다. 상업주의에 물들지 않은 저예산 창작 작업 자체에 의미를 부여하는 이들도 있겠고, 주류 영화산업으로 도약하기 위한 발판으로 사용하는 이들도 있다고 본다.

반면 미드의 생산은 창작자가 사재를 털어 찍을 수 없는 구조를 갖는다. 앞서 언급했던 이유와 맥락을 같이하는데, 네트워크를 대상으로 한 저예산 드라마는 거의 불가능하기 때문이다. 물론 상상을 초월하는 정도의 돈을 가진 이들도 있다. 너무 단적으로 말하는 것 같기는 하지만, 이들이 투자가 아닌 창작을 직접 하는 경우는 거의 없다. 결국, 미드는 스튜디오를 중심으로 하여 스튜디오의 자본과 투자자들의 자본, 은행 대출 등을 동해서 제작된다고 봐야 한다.

투자자는 개인일 수도 있으며, 투자사, 금융기관, 미디어 관련 기업, 전자제품 기업 등이 개입하는 기업식 투자자일 수도 있다. 은행 대출은 금융기관의 투자와는 구분되는 것으로, 은행은 작품의 흥행여부와는 관계없이 대출 이자 수익을 얻는다.

스튜디오와 작업을 하는 창작자, 프로듀서, 작가, 감독 등은 자신의 돈을 들여 작업할 필요는 없지만, 그 대가로 작업 기간 내내 모든 자금 지출이 스튜디오의 통제하에 있게 된다. 특히 프로듀서는 스튜디오의 재무 담당자와 긴밀한 관계를 유지하면서 진행 상황을 보고하고 점검해야 한다. 스튜디오의 재무담당자는 제작의 지원부서이지만 어디까지나 제작비를 지급하는 주체인 스튜디오에 소속된 사람이다. 프로듀서와 재무 담당자가 갈등을 빚으면 일을 진행하기가 매우 곤란해진다. 프로듀서는 제작팀의 작업을 통제할 의무를 지는 동시에 지원할 의무도 진다. 그렇지만 그 어느 경우에도 프로듀서는 스튜디오가 여유 자본으로 자선사업을 하고 있는 것이 아님을 늘 명심해야 한다. 게다가 스튜디오는 아이디어를 최종 작품으로 완성시키는 과정의 각 단계에서 언제든지 중단시킬 수 있는 권한을 갖는다. 스튜디오의 결정권자(대표, 담당 이사)가 판단하기에 아이디어가 충분히 발전되고 있지 않다고 느끼면 작업을 중단할 수 있다.

이러한 결정을 하는 이유는 여러 가지이다. 예를 들면, 작가나 프로듀서 등의 창작자들이 처음의 아이디어를 상업적 성공을 향해서 진전시키지 못했거나 그럴 만한 능력이 부족해 보이는 경우, 시의성을 보고 선택했던 아이디어가 어떤 외부적 상황에 의해서 더 이상 시의성이 없다고 판단했을 경우, 유사 아이디어가 이미 다른 스튜디오에 의해서 작업되고 있을 경우, 스튜디오의 재정적 압박으로 더 이상 작업이 어려운 경우, 책임 프로듀서나 담당 이사가 조직 내에서의 위상에 변화가 생겼을 경우 등이 있다. 다시 말하자면, 프로듀서나 작가 등은 스튜디오와 아이디어 개발 작업에 일단 착수하면 계약이 유지되는 한 실질적으로 스튜디오의 피고용인이 되며 언제든지 해고될 수도 있다.

스튜디오는 모험을 하는가?

스튜디오는 큰돈을 드라마 시리즈 제작에 투입하면서 모험을 하고 있는 것인가? 영상산업은 도박적인 요소가 있다고 한다. 그 말은 불확실성이 매우 높다는 말이다. 그러나 그것은 어디까지나 영상 콘텐츠가 갖는 상품적 속성을 말하는 것이며, 스튜디오가 모험을 하는가 하는 문제와는 별개이다. 영상산업이 불확실성이 높아 위험이 크면 클수록 스튜디오는 소심한 전략가가 될 수밖에 없다. 스튜디오가 하는 모든 일을 한마디로 요약하면, "가능한 한 불확실성을 줄이는 일"이다. 스튜디오가 모험을 하는 기업이라고 생각하고 접근하는 프로듀서나 감독이 있다면, 그는 스튜디오를 이해하지 못한 것이며 스튜디오와 대화를 더 이상 이어나가기 어렵다. 스튜디오는 스튜디오가 추구하는 바를 잘 이해하고 수용할 수 있는 프로듀서와 대화하고 싶어 한다.

스튜디오가 추구하는 것이 무엇인가? 그것은 다름 아닌 돈이다.

수익 창출, 꿈, 예술, 그 밖에 다른 말로 아무리 표현해봐야 그것은 역시 돈의 다른 표현일 뿐이다.

스튜디오가 불확실성을 줄이는 여러 가지 방법은 이 책의 다른 장에서 별도로 다루고자 하며, 이번 장에서는 미드 생산에서 스튜디오가 채택하는 가장 일반적인 방법인 PFD(Production-Financing-Distribution)를 설명하려고 한다. 이는 스튜디오가 모든 시장에서 최종 상품의 배포에 대한 모든 권리를 갖고 제작비를 대는 방식을 말한다. 내로라하는 프로듀서와 작가라면 수입 지분 등과 관련해서 유리한 계약을 이끌어 낼 수는 있겠지만, 그것도 극히 제한된 소수에 해당되는 이야기일 것이다. 그 극소수조차도 스튜디오가 자금을 지원하는 PFD 방식을 떠나서 네트워크에 편성될 드라마 시리즈를 제작하기는 점점 더 어려워져 가고 있다.

그 이유를 기획, 제작, 유통 작업의 단계로 나누어 정리해볼 수 있다. 기획 단계에서 PFD를 채택하는 가장 큰 이유는 투자의 위험 부담과 스튜디오의 협상력이다. 스튜디오가 아닌 개인이 고액의 투자 위험을 떠안기는 어렵다. 스튜디오가 투자의 위험을 감당하기가 개인보다 유리한 것은 스튜디오는 한 작품에 모든 것을 거는 것이 아니라, 다른 작품들을 통해서도 수익을 얻을 수 있기 때문이다. 스튜디오는 빅히트 작품을 하나 생산하면 다른 몇 개의 작품이 큰 성공을 거두지 못하거나 심지어 손실을 초래하더라도 감당할 수 있다. 사실 스튜디오의 성공하지 못한 작품들은 빅히트 작품 하나를 찾아내기 위한 비용이었다고 볼 수 있다.

스튜디오가 아니고서는 프로듀서, 감독, 작가, 배우, 엔지니어 등과의 계약을 우위에서 처리하기가 쉽지 않다. 스튜디오라고 하더라도 특권을 누리는 극소수의 예술인들과 계약할 때는 상당 부분 양보하기도 한다. 대체로 스타급 프로듀서, 감독, 작가, 연예인 등과의 계약은 에이전트를 통해서 이루어지는데, 이들 조직화된 에이전트와 무리 없이 계약을 처리하기 위해서는 메이저 스튜디오를 통할 수밖에 없다.

제작 단계에서는 스튜디오의 재정적 지원과 통제하에 있음으로써, 스튜디오의 각종 시설 인프라와 스튜디오의 인적 네트워크를 최대한 활용할 수 있다. 드라마의 제작은 수많은 조력자들의 공동 작업을 통해서만 가능하다. 제작 과정에서 예산을 초과하는 일이 발생하면, 스튜디오는 바틀쇼(bottle show)를 제작하여 예산 초과를 상쇄시킬 것을 종용한다. 드문 일이기는 하지만, 예산을 남기면 그것으로 끝이다. 특별한 경우가 아니면 미리 남겼으니 다음에 더 쓰라고 하지는 않는다. 게다가 예산을 더 낮게 잡아도 되겠다고 생각한 스튜디오가 다음 시즌에 예산을 삭감하려고 들 것이다. 그래서 프로듀서는 차라리 예산을 미리 좀 더 쓰고, 마지막에 바틀쇼를 하는 편을 택하곤 한다. 스튜디오에 따라서는 편당 예산 관리를 하기 때문에 프로듀서가 에피소드마다 예산을 넣고 빼고 하기가 거의 불가능한 경우도 있다.

유통 단계에서 제작사는 스튜디오와의 작업을 통해 네트워크 확보와 2차 유통시장의 개발에서 유리한 위치를 확보하게 된다. 드라마의 구매자는 스튜디오에 라이선스 요금(license fee)을 지급하는 네트워크이다. 드라마 시리즈의 경우에는 이미 스튜디오가 네트워크의 파일럿

승인을 거쳐 제작했기 때문에, 일차 시장인 네트워크 납품에는 문제가 없다. 영화의 경우 메이저 스튜디오와 연계 없이 제작된 작품들은 극장을 잡기 어렵고, 간혹 공백이 생기는 타임이나 오전 타임에 시간 때우기 용(filler)으로 상영되기도 한다.

네트워크는 스튜디오 시스템하에서 제작된 프로그램을 선호한다. 이는 스튜디오 시스템 밖의 생산과 유통을 시장에서 배격하려는 스튜디오와 배급사의 뿌리 깊은 공조 관계의 결과로 보는 견해들이 많다. 이러한 관계는 영화산업에서 유래했지만, 텔레비전 드라마의 유통에서는 더욱 공고한 관계를 갖고 있다. 앞서 언급했듯이, 텔레비전 네트워크에서 메이저 스튜디오와 연계되지 않은 독립제작사의 작품이 설 자리는 참으로 좁다.

바틀쇼(Bottle Show)

많은 위험 요소들을 제거하면서 드라마 시리즈 생산에 임하는 스튜디오는 불필요한 돈을 한 푼도 쓰려고 하지 않는다. 줄일 수 있는 것은 모두 줄인다. 좀 과하게 지출했다고 생각한다면(예를 들면, 인건비 등), 다 그럴 만한 근거에 의해 판단한 것으로 봐야 한다. 물론 인간의 판단은 틀릴 때도 있지만 말이다. 바틀쇼도 그러한 스튜디오의 철저한 자금 관리의 방편으로 사용되고 있다.

미드에 관심이 아주 많은 일부 독자들은 들어봤을 수도 있지만, 바틀쇼는 좀 생경한 단어이다. 바틀쇼는 시트콤이나 드라마에서 게스트 출연 없이 기존의 세트 속에서만 일어나는 사건을 중심으로 구성된 에피소드를 말한다. 바틀쇼는 때로는 주연급 스타조차도 아예 출연시키지 않거나 최소한으로 출연시켜, 전체 출연자의 수가 서너 명 이내가 되기도 한다. 당연히 새로운 특수효과는 극도로 자제된다. 그러다 보니 과거 방송된 에피소드의 장면들을 회상하거나 진술하는 신(scene)으로 재활용된다. 특히 이런 형식의 바틀쇼를 클립쇼(clip show)라고도 한다. 바틀쇼의 촬영은 짧게는 1일에서 길어야 3일을 넘기지 않고 끝내야 한다. 그래야 예산을 절약할 수 있다. 참고로 미드 시리즈의 촬영 날짜는 파일럿 제작을 제외하면 대체로 7일 정도(공휴일 제외)를 잡는다.

바틀쇼는 제한적 예산을 극복하는 방편으로 주로 사용된다. 한 시즌마다 한두 편의 바틀쇼를 제작하는 것은 미드를 생산하는 스튜디오의 관행처럼 되어 있다. 특히 시즌의 마지막 에피소드는 바틀쇼가 될 가능성이 매우 높다. 프로그램에 따라서는 몇 편에 한 번씩은 바틀쇼를 하기도 한다.

스튜디오에서는 예산 절감의 차원에서 바틀쇼를 포함시킬 것을 권하고 있으며, 제작사 입장에서는 다른 에피소드에 특수효과나 게스트 출연 등을 늘려 상대적으로 고비용의 제작을 하고, 그 초과분의 비용을 바틀쇼 제작을 통해서 상쇄시키는 효과를 갖고자 한다. 많은 시청자들은 시즌의 마지막 한두 에피소드에서 과거에 보았던 장면들 중 다시 보고 싶은 장면들을 볼 수 있는 기회를 가질 수 있어서 즐거워하기도 한다. 일부 시청자들은 이러한 바틀쇼를 무성의한 재탕 프로그램이라고 비난하기도 할 것이다.

그 밖에도 대본의 완성이 지연되거나 주연급 배우들 중 누가 촬영이 힘들 정도로 아프거나 하면 바틀쇼를 제작하기도 한다. 또한 불가피한 특별 편성으로 한두 주 정도 방송이 중단되다가 다시 재개될 때, 시청자들이 스토리의 연결을 놓치지 않도록 한 회 정도 클립쇼를 하기도 한다.

바틀쇼 얘기를 할 때 전형적인 사례로 들곤 하는 드라마는 <Star Trek: The Next Generation Companion>의 <시즌2> 마지막 에피소드인 <Shades of Gray>이다. 이 에피소드는 3일간의 촬영으로 끝내고 바틀쇼로 제작되었는데, 반응이 좋지 않았다. 이후에 파라마운트사가 예산상의 문제를 들어 <스타트랙>의 바틀쇼를 권할 때, 프로듀서들은 <Shades of Gray>의 전례를 다시 밟을 수 없다고 하면서 비용을 줄여서 완결품을 제작하겠다고 주장하기도 했다.

드라마 시리즈의 예산이 게스트 출연자, 촬영 장소, 촬영 방법, 특수효과 등에 따라서 예산의 변동이 상대적으로 큰 반면, 시트콤의 예산은 별 변동이 없다. 일반적으로 시트콤은 로케이션 촬영이 없으며, 그에 수반되는 차량이나 외부 장소, 촬영 시설 등의 대여 비용이 들지 않는다. 우리나라의 시트콤은 로케이션이 부분적으로 포함되는 것이 일반적이지만, 미국의 시트콤은 드라마와는 거의 별개의 장르로 로케이션 촬영이 거의 없다. 시트콤에서 자동차 신은 심지어 개그 프로그램에서처럼 자동차 그림을 그려 처리하기도 한다. 미국 시트콤에서는 게스트 출연자의 출연료 정도가 하나의 변수가 될 수는 있는데, 게스트 출연료는 출연자의 레벨과 촬영에 참여한 일수에 따라 지급된다.

그런 시트콤에서도 바틀쇼가 제작되는 경우가 있다. 시트콤 <프렌즈>의 한 에피소드인 <The One Where No One's Ready>는 단지 두 개의 세트에서 촬영되었고, 마지막에 몇 초 등장하는 피터 데니스(2009년 타계)를 제외하고는 매 에피소드마다 등장하던 게스트 스타도 없었다. 그럼에도 이 에피소드는 <프렌즈> 에피소드 중에서 시청자들이 세 번째로 선호하는 작품으로 선정된 바 있다.[5] 이 프로그램에서의 바틀쇼는 시청자들이 좋아하는 클립들을 다시 보여주는 팬서비스 차원의 목적과 비용 절감의 목적이 잘 조화를 이룬 것으로 볼 수 있다.

PPL

PPL은 Product Placement의 준말로, 드라마나 영화 속에서 특정 기업의 제품을 의도적으로 노출시켜 광고 효과를 유발시키는 광고를 말한다. 영화나 텔레비전 드라마가 제작의 기본적인 재원을 마련하는 방법은 아니지만, 제작비의 일부분을 확보하고 장소나 소품을 확보하는 방법으로 PPL이 활용되고 있다. 영화에서는 1980년대부터 주목받기 시작했고, 텔레비전 드라마에서는 2000년대 들면서 본격화되었다. PPL이 일반인들에게 더 잘 알려진 용어지만, 'embedded marketing'이란 용

[5] http://en.wikipedia.org/wiki/Bottle_show

어로도 불린다. 이것은 광고할 상품을 미디어 콘텐츠 속에 심어놓는다는 뜻이다. 우리나라에서는 간접 광고라는 용어가 사용된다.

PPL은 단순히 상품을 노출시킬 뿐 아니라, 특별히 광고라는 인식을 주지 않으면서도 매혹적인 주인공들이 그 상품을 이용하는 장면을 보여줌으로써 시청자들을 소비자로 끌어들이는 전략이다. 영화나 드라마의 스토리와 주인공의 정서적인 면과 결부됨으로써 시청자들의 구매욕구를 높이는 광고 전략이다. PPL의 전형적인 계약서에는 프로듀서가 계약한 제품의 명예를 손상시키는 방식으로 드라마에 노출시켜서는 안 된다는 조항이 포함된다. 예를 들면, PPL로 제공한 자동차가 드라마 속에서 고장이 나서 견인되거나 PPL로 제공된 음료수를 먹고 주인공이 배탈이 나는 등의 이야기로 전개되어서는 안 된다는 것이다.

음료수, 술, 시계, 휴대전화, 자동차, 가전제품, 옷, 구두, 가방, 의약품, 식품 등등 그 아이템은 다양하다. 한때는 담배도 포함되었다. PPL을 하는 기업은 큰돈을 스튜디오에 제공하기도 하지만, 때로는 소품 및 다양한 편의(항공료 등)를 무료로 제공하는 것으로 대신하기도 한다. PPL의 대형 광고주들은 그들의 상품이 타깃 소비자에게 잘 전달될 수 있기를 원하므로, 대형 스튜디오의 제작 혹은 텔레비전 네트워크와 계약된 제작에 투자한다. 군소 영화제작사나 개인 제작자가 누릴 수 있는 제작 재원은 아니다.

미국에서 PPL은 이미 제작의 한 부분으로 정착된 전략이지만, 우리나라 텔레비전 드라마에서의 PPL은 법적으로 인정되지 않았다가, 2009년 말에 「방송법시행령」 개정을 통해 인정되었다. 그러나 우리나라 드라마에서도 법적으로 허용되기 전부터 PPL은 공공연히 채택되고 있었으며, 합법화 시키려는 업계의 요구가 계속 있어왔다. 아무튼 할리우드에서 PPL은 일반적 관행이며, 어떤 프로그램의 경우는 시청의 주된 목적이 PPL의 상품들을 감상하면서 쇼핑하는 데 있기도 하다.

PPL은 모든 드라마에 적용되는 이야기는 아니어서 좀 극단적인 사례일 수도 있지만, <섹스앤더시티>에 등장한 상품들은 방송 직후에 시장에서 동이 나는 일도 있을 만큼 드라마, 기업, 소비 등이 밀접하게 연계되어 있다. 패션 바이블을 자처했던 <섹스앤더시티>는 드라마라기보다는 하나의 잘 기획된 광고 및 판촉전이라고 봐도 무방하다.

이 드라마에는 네 명의 미혼여성 뉴요커가 등장한다. 칼럼니스트인 캐리는 뉴욕의 스타일을 보여주고 있으며, 사만다는 열정적인 성격을 지니고 있으며, 미란다는 이지적이고 깔끔한 성격의 소유자이다. 그리고 샬로트는 귀엽고 사랑스러운 면모를 보여준다. 다양한 성격의 젊은 여성들을 등장시켜, 허영으로 가득한 치열한 대도시에서의 일상적 이야기를 들려주는 중에 엄청나게 많은 상품들이 소개됐다.

샤넬, 구찌, 프라다, 마크제이콥스, 지미추, 마놀로블라닉 등 유행하는 브랜드들이 드라마 전반에 걸쳐 전시됐다. 수백 달러는 보통이고 수천 달러에 이르는 구두, 옷, 가방, 액세서리 등이 드라마를 통해 전시됐다. 그 물건들을 구입할 수 있는 경제력을 가진 여성들뿐만 아니라, 구매력이 없는 여성들도 그들 나름대로의 대리만족을 위해 드라마 속의 상품과 그 상품을 쇼핑하고 소유하는 주인공을 감상했다. 뉴욕에서 성공적인 사회생활을 하고 있는, 그래서 원하는 대로 소비할 수 있는 여성 주인공들이 등장하기 때문일 것이다. 물론 <섹스앤더시티>에 쇼핑만 나오는 것은 아니고, 시청자들은 대도시의 성공적인 사회생활을 하고 있는 주인공 여성들의 각기 다른 스타일의 사랑과 섹스에도 관심이 있다.

  네트워크 입장에서 이보다 더 매력적인 이야기는 없을지도 모른다. <로스트>처럼 하와이 로케이션이 요구되지도 않으며, 특별한 특수효과가 요구되지도 않는다. <CSI>처럼 특수효과나 그래픽이 다량 요구되지도 않는다. 그러면서도 광고주를 확보하고 고정적인 마니아층을 확보할 수 있는 드라마이다. 특히 소비의 주도적 역할을 할 수 있는 20~30대 중반 여성들을 주된 타깃으로 삼고 있다. 2008년 극장판 <섹스앤더시티>도 <인디아나 존스>를 상영 1주일 만에 앞지르면서 박스오피스 1위를 차지했다. 극장판 <X파일>이 실패한 것과는 대조적으로 극장판 <섹스앤더시티>는 큰 성공을 거두었다.

  영화에서 PPL이 사용된 사례는 무수히 많다. 대표적인 사례를 들면, 1982년 개봉한 영화 <ET>에서 스필버그 감독은 외계인이 먹는 지구의 음식을 M&M사에 후원해줄 것을 제안했는데, 외계인이 M&M을 먹는 것은 제품에 부정적인 영향을 줄 수 있다는 이유로 거부된 적이 있다.[6] 대신 스필버그는 종 모양의 허시 초콜릿을 등장시켰고, 이를 계기로 허시 초콜릿의 판매량이 3개월 사이에 66퍼센트까지 급증하기도 했

---

6 M. Litwak, *Dealmaking in the film & television industry* (2nd Ed.)(Los Angeles, CA: Silman-James Press, 2002), pp.25~26.

다. 이처럼 M&M사의 예측과는 달리 ET는 어린아이들에게 친숙한 이미지를 형성했기 때문에, M&M 사건은 기업이 PPL을 더 적극적으로 검토할 필요가 있음을 강조하는 교과서적인 사례로 전해지고 있다. 성공적인 PPL은 비용에 비해서 이익이 크며, 일반 광고보다 효율적인 것으로 알려져 있다.

     그 밖에도 영화 <매트릭스 1>에서는 노키아 휴대폰이 사용되었고, <매트릭스 2>에서는 삼성전자가 제공한 휴대폰이 등장한다. 또 영화 <캐스트 어웨이>에서는 페덱스(Fedex)의 광고 영화라고 불릴 정도로 페덱스 자체가 영화의 기본 소재가 되고 있다. 워너 브라스 제작의 <You've got the mail>(1998년 작)은 톰 행크스와 맥 라이언이라는 대형 스타를 등장시켜 이메일을 통한 로맨스를 보여주는데, AOL의 온라인 서비스 광고와 로맨스 스토리가 절묘하게 섞여 있었다. 또한 <오스틴 파워 3-골드멤버>에서는 오스틴 파워가 미니쿠퍼를 타고 다녔다.

     텔레비전의 경우를 보면, 2000년에 WB는 코카콜라사로부터 2,500만 달러(약 250억 원)의 후원을 받아 <영 어메리칸스(The young Americans)>를 제작하여 매회 코카콜라를 마시는 장면을 삽입했다.[7] 이 사건은 영화에서 이미 자리를 잡았던 PPL을 텔레비전 드라마 산업의 전략으로 도입한 초창기의 대표적인 사례이다.

     하지만 인터넷 VOD, DVD, DVR 등의 기술로 텔레비전 프로그램

---

[7] J. L. Longworth, *TV creators*, p.32.

의 시청이 곧 광고 시청으로 이어진다는 보장을 할 수 없게 되었다. 광고주들이 네트워크에 광고비를 지불해야 할 동기가 약해졌다. 그 대신 광고주들은 시청자들이 텔레비전이 아니더라도 어떤 형태로든 프로그램을 시청하려고 할 것이고, 그렇다면 프로그램이 돌아가고 있는 중에 광고를 해야 한다고 믿게 된다. 따라서 간접 광고의 필요성이 증대된다. PPL의 부정적인 면에 대한 사회적 우려에도 향후에는 드라마 제작 재원의 중요한 부분으로 부상할 가능성도 있다.

3장 원작의 가치와 파워

중요한 것은 연구 결과가 원작과 흥행, 스타 캐스팅과 흥행의 관계를 입증하든 부인하든 간에, 텔레비전 드라마와 영화와 같은 영상 콘텐츠 산업에서 원작의 사용과 스타 캐스팅은 계속될 것이라는 사실이다.

드라마의 유혹

좋은 원작 소설이 영상화에 성공하면 소설가나 드라마 프로듀서에게 돈과 명예를 가져다준다. 특히 미스터리, 뱀파이어, 판타지 등의 대중소설을 쓰는 작가들은 글을 쓰면서 자신의 작품이 드라마 시리즈로 제작될 수 있기를 기대할 것이다. 한 권의 완결된 스토리를 가진 소설보다 시리즈 소설이 드라마 시리즈로 제작되기에 적절한 포맷이기 때문이다. 시리즈 소설이 아닌 경우에 시리즈 제작을 하려면, 빅히트한 소설의 주요 캐릭터나 모티프만 채택하여 여러 개의 에피소드로 구성된 드라마 시리즈를 위한 새로운 스토리를 만들어야 하는 부담이 있다. <수키 스택하우스 시리즈>나 <뱀파이어 다이어리 시리즈> 등은 원작 시리즈가 계속 스토리를 제공하기 때문에 드라마 시리즈 제작이 용이하고, 시즌1, 시즌2, 시즌3 등으로 확장하는 데도 유리하다.

캘리포니아 해안의 작은 마을에서 진한 커피를 들이키며 누가 읽을지 알 수 없는 이야기를 컴퓨터에 두들겨 넣고 있는 어느 날 오전에, 작가인 나에게 어떤 프로듀서에게서 전화가 왔다면 어떻게 될까.

"안녕하세요. 저는 텔레비전 시리즈 프로듀서 알프레드입니다. 지금은 워너브라스와 일을 하고 있습니다. 잠시 얘기 나눌 시간이 되시는지요?" "오, 마이 갓!"이라고 외치고 싶은 것을 꾹꾹 누르면서 평정을 찾으려고 한다. "네, 무슨 일이신가요?" "당신이 3년 전에 출판한 소설을 저의 새로운 시리즈물의 원작으로 고려 중인데, 관심이 있으신가요?" 나의 머릿속에는 순간 많은 것들이 스쳐 지나간다. "몇 부작으로 계획하나요? 대본 각색은 누가 하나요? 시리즈물의 수입은 어떻게 배분하나요? 아, 그리고 여자 주인공은 누구로 하나요? 제 생각에는······." 이런 말들이 머릿속에 떠오르더라도 빨리 평정을 찾고 차분하게 대화에 임해야 한다. 혹 이런 생각들이 입 밖으로 튀어나온다면, "나, 생초보예요"라고 광고하는 것일 뿐 아니라 이후 거래가 순탄하지 않을 것이다. 그런 말이 불쑥 입에서 나오지 않기를 바라지만, 무심코 나와 버렸다면 전화의 상대방은 이렇게 나올 것이 뻔하다. "아직 당신의 작품은 여러 후보 작품들 중의 하나입니다. 당신이 이 작업에 관심이 있다면, 먼저 기획 및 대본 작업과 파일럿 작업에 관한 협의서에 동의를 하셔야 합니다."

무명의 작가에게 가끔 이런 행운이 오기도 한다. 독자들에게는 주목받지 못했지만, 특별한 안목을 가진 프로듀서나 감독에게 발견될 수도 있다. 소설이 스토리의 모티프만 제공하면, 유능한 할리우드의 대본작가들을 투입하여 좋은 드라마 시리즈로 만들 수 있기 때문이다. 그러나 무명의 작가에게는 기대하지 않아도 될 만큼 드문 행운이다.

베스트셀러 작가라고 하더라도 유력한 스튜디오에서 영화나 텔레비전 드라마의 제안이 들어오는 것은 대단한 행운이다. 개편 시즌에 채택되는 신규 드라마의 수는 10여 편으로 대단히 제한적이기 때문에 베스트셀러 작가라고 해서 쉽게 진입할 수 있는 영역이 아니다.

영어권 시장에서 베스트셀러 소설이라고 하면 대략 수십만 권에서 수백만 권 정도를 말하기 때문에, 소설 베스트셀러 작가라는 사실만으로도 상당한 돈과 명예를 누릴 수 있다. 그럼에도 그 작품이 영화화되거나 텔레비전 드라마화된다는 것은 소설을 읽지 않았거나 읽을 생각이 없는 사람들에게까지도 그 명성이 뻗치고, 더 큰 돈도 벌어들일 수 있다는 점에서 새로운 국면을 의미한다. 빅히트 영화의 관객은 미국에서는 수천만 명에 달하기 때문에, 소설의 독자 수와는 비할 바가 아니다.

원작의 가치

소설의 명성에 의지하여 영화나 드라마가 제작되고, 또 그 영화나 드라마의 명성은 원작자의 명성과 부로 돌아오기도 한다. 원작자의 저작권 분리와 귀속은 엄격한 규칙이 있는 것이 아니라 계약 당사자 간의 협의에 따른 것이므로, 상황에 따라서는 얼마든지 파격적인 계약이 이루어질 수 있다.

소설 원작과 동일한 제목으로 영상화되면 크레디트에는 "From the Book by (the author)"라고 기재되고, 제목이 변경되면 "From the Book (○○○) by (the author)"라고 기재된다. 아무튼 원작자는 자신의 이름이 크레디트에 책 제목과 함께 올라가는 흥분된 순간을 경험하게 된다. 크레디트에 올라가는 이름의 크기에 대해서도 계약서상에 명시되는 것이 보통이다. 어느 정도의 명성을 가진 작가라면, 대본작가와 동일한 크기의 이름을 스크린에 띄울 것을 요구한다. 혹은 별도의 페이지에 원작자의 이름을 명시하도록 요구하기도 한다. 이런 것도 모두 계약 조건에 포함되고 있으니, 2시간 안팎의 영화 또는 1시간 안팎의 드라마에서 처음부터 끝까지 우연은 하나도 없다고 보는 것이 옳다.

원작자는 때로는 프로듀싱팀의 일원으로 영화나 드라마 제작에 참여하기도 하며 대본 자문 역할을 한다. 많은 경우에는 영화나 드라마 제작을 통한 순수입의 지분을 요구하기도 한다. 지분을 갖는 경우는 원작의 영화화에 대한 권리 양도 가격을 상대적으로 낮추면서, 원작자가 프로듀서와 함께 위험을 떠안게 된다. 그러나 위험을 떠안는 대가로 영화나 드라마가 빅히트를 치면 수익의 지분을 얻게 된다.

원작의 가치는 일반적으로 수용되는 기준이 없다. 단편이거나 무명 소설의 경우에는 드라마나 영화제작의 원작으로 500~15,000달러 정도에 계약되기도 하지만, 유명 베스트셀러 작가의 경우에는 100만 달러 이상에 계약이 이루어지기도 한다. 소수의 인기 작가에게 돈과 명예가 고도로 집중되는 시장이라고 볼 수 있다. 영화를 위해서는 단행본이 더 선호되기도 하지만, 미드 제작을 위해서는 시리즈 소설이 원작으로 더 선호되고 있다.

작가가 후속작의 출판권을 가지고 있다면, 후속작을 저술하여 출판한 다음 프로듀서에게 그 후속작에 대한 영상화 독점권을 구매하도록 강요할 수 있다. 예를 들면, 프로듀서가 <트루 블러드>의 저자인 샬레인 해리스에게서 시즌1의 판권을 구매하는 계약을 했는데, 저자가 <트루 블러드> 시즌2를 다른 프로듀서와 계약을 하게 되면 어떻게 될까? 그렇게 되면 시즌1의 구매자는 시즌2의 구매자와 경쟁적 관계에 놓이며, 시즌1의 구매자는 자신이 그 작품의 구매에 지불한 돈의 가치를 누릴 수 없게 된다. 그뿐 아니라 시즌2의 프로듀서는 시즌1의 성공에 따른 후광 효과를 받아 유리한 고지에서 작업을 할 것이고, 시즌1의 프로듀서는 시즌2의 프로듀서에게 행운을 안겨준 채 떠나야 한다. 따라서 프로듀서는 어떻게 해서라도 후속작에 대한 작가의 권리에 제한을 두려는 시도를 하게 된다.

원작 계약

프로듀서가 드라마화할 수 있는 원작을 찾는 것도 안내를 요하는 일이지만, 맘에 드는 원작을 찾았을 때부터 그 스토리로 제작에 들어갈 때까지는 길고 복잡한 과정들이 남아 있다. 경쟁이 치열한 영상 콘텐츠 시장에서 어설픈 프로듀서가 중요한 작품의 계약에 나설 가능성은 희박하지만, 만일 어떤 프로듀서가 소설의 후속편에 대한 계약 조항을 구체화시키지 못했다면, 사실상 그 프로듀서는 작품 구입에 큰돈을 날려버린 게 된다.

프로듀서의 뜻대로 원작 확보가 용이하지 않은 경우도 더러 발생한다. 2009년 드림웍스가 추진하던 할리우드판 <올드보이>의 제작이 원작 판권 확보 실패로 잠정적으로 중단되었다. 이 작업에는 스티븐 스필버그 감독과 윌 스미스가 참여하여 영화의 흥행이 상당히 기대되었지만, 일본 원작 만화의 판권을 확보하는 데 실패했다. 스튜디오는 대박을 기대하며 많은 돈을 영화제작에 투자하기 때문에, 영화나 드라마 작품과 관련된 거의 모든 권한을 어설프지 않게 확보해야만 작업에 착수할 수 있다.

통상 원작의 계약서에는 후속작이 출판되면 앞서 영상화 판권 계약을 한 자에게 일차적으로 검토의 기회를 주도록 명시되어 있다. 우선적으로 검토의 기회를 가지게 된 프로듀서는 계약서에 명시된 수일에서 수주의 기간 내에 검토 결과를 알려주어야 한다. 만일 프로듀서가 답을 주지 않는다고 하더라도, 계약에 명시된 일정 기간이 지나면 작가는 다른 프로듀서와 협상에 들어갈 수 있다.

프로듀서는 원작자와 계약할 때, 영상 제작과 관련하여 가능한 한 모든 권리를 가지려고 한다.[1] 프로듀서는 자신의 권리를 포괄적으로 명시하여 제작 과정에서 발생할 수 있는 작가와의 분쟁에서 유리한 위치를 차지하려고 할 것이고, 작가는 프로듀서의 권리를 구체적으로 명시하여 자신의 권리를 지키며 작품에 대한 통제력을 가지려 할 것이다.

---

[1] 원작과 관련해서 확보할 권리는 크게 분류해도 족히 10개는 된다. 극장 상영권, 텔레비전 방영권, 패키지형(비디오테이프, DVD) 제작 및 배포권, 온라인용 제작 및 배포권(VOD, 다운로드), 모바일 미디어용 제작 및 배포권, 비극장용 상영(대학, 병원, 비행기, 선박, 석유시추선, 군부대 등에서의 상영), 사운드트랙 제작 및 배포권, 상품 라이선스(머그, 티셔츠, 가방, 인형, 장난감, 문구류 등 캐릭터 상품), 영화 화보 및 관련 출판물 제작 및 배포권, 무대 공연권(연극, 뮤지컬 등) 등이 그것이다. 그중에서 텔레비전 프로그램 제작 판권은 필름, 테이프, DVD, 라이브 등으로 구분된다. 필름, 테이프, DVD 등에 관한 권리는 프로그램을 제작하여, 필름, 비디오테이프, DVD 등으로 기록하는 권리를 의미한다. 필름, 테이프, DVD는 시장에서 반복적으로 사용하기 위해서 제작되는 데 반해, 라이브는 방송에서 일회적으로 사용되는 것을 의미한다. 여기서 라이브는 생중계를 의미하지는 않는다. 관례적으로 패키지 상품에 대한 권리는 프로듀서가 가지며, 라이브에 대한 권리는 작가가 갖지만, 이런 방식은 계약 관계에 따라 다르다. 프로듀서는 기본적으로 적정 수준의 가격이 정해진다면 라이브를 포함해서 모든 권한을 가지기를 원할 것이다(Paul A. Baumgarten, Donald C. Farber & Mark Fleischer, Producing, financing and distributing film(2nd ed.), Pomton Plains, NJ: Limelight Editions, 1992에 근거하여, DVD와 온라인용·모바일용 미디어 등의 제작 및 배포권을 추가함).

프로듀서의 권리가 광범위하게 인정되지 않을 경우, 원작자는 자신의 작품이 영상화되는 것에 대한 흥분 때문에 프로듀서와 감독의 작업에 일일이 간섭하려고 들 것이 불을 보듯 뻔하기 때문이다.

"주인공의 대사가 너무 천박하잖아요. 내가 언제 그렇게 썼나요? 이야기의 분위기가 완전히 달라졌잖아요." 얘기는 여기서 그치지 않을 것이다. "지금 대사에 손을 좀 대겠다고 했나요? 한 단어 한 단어에 내 혼이 들어 있다고요. 그렇게 할 거라면 무엇 하려고 판권을 구입했나요, 아예 창작 시나리오를 쓰지 그래요?" 좋다, 이것도 작가의 자존심이라고 해두자. "도저히 안 되겠어요, 저 배우로는. 주연을 바꿔야겠어요. 저렇게 눈빛이 흐려서 어떻게 신비로운 주인공의 역할을 한단 말에요?" 이쯤 가면, 프로듀서는 영화의 성공을 장담할 수 없게 된다.

원작자는 영상화와 관련성이 낮은 영역의 저작권조차도 직접 보유하기를 원할 수 있다. 예를 들면, 출판 관련 권한, 무대공연, 라디오방송권, 후속작에서의 캐릭터 사용권, 원작과 관련한 텔레비전 생방송 출연 등의 권리 등이 그것들이다. 그러나 영상화 관련 권리를 매각하고 나머지 영상화와 관련성이 낮은 권리를 보유하게 된 작가가 이 권리들조차 나중에 팔려고 한다면, 영상화 권리를 보유한 프로덕션이나 프로듀서에게 일차적인 우선협상권(Right of First Negotiation)을 제공하도록 계약하는 것이 일반적이다. 만일 그들이 부차적인 권리들의 구입을 거절하면, 원작자는 다른 수요자들과 협상에 들어갈 수 있다.

표 3.1 작가별로 드라마화된 원작의 사례

원작 작가	작품명
스티븐 킹	나이트메어와 드림스케이프, 데드존, 샤이닝
존 그리샴	거리의 변호사, 의뢰인
리처드 후커	M*A*S*H
세실리 폰 지게자르	가십걸
제프 린제이	덱스터
스테판 앰브로즈	밴드오브브라더스
리사 제인 스미스	뱀파이어 다이어리 시리즈(뱀파이어 다이어리)
샬레인 해리스	수키 스택하우스 시리즈(트루 블러드)
스테파니 메이어	트와일라이트

주: 원작과 드라마의 제목이 다른 경우, 괄호 안의 제목은 드라마의 제목이다.

메가히트 원작 작가들

드라마화되는 소설의 기준은 소설의 스토리가 십여 개 내지 수십 개의 에피소드로 구성될 수 있는지, 드라마로 제작을 했을 때 시청자들에게 얼마나 어필할 수 있는지, 광고주들이 얼마나 좋아할 소재인지, 멀티유즈가 가능한 소스가 되는지, 또 얼마나 유행에 잘 편승하고 있는지 혹은 완전히 새로운 흥미를 제공할 수 있는지 등이다. 소설의 예술성은 선정 기준에 포함되지 않는다. 인생론적 소설이나 사회적 쟁점을 다루는 문제작이라고 해서 드라마 시리즈의 소재가 되지 말라는 법은 없다. 그러나 순수예술성은 프로듀서가 원작 소설을 채택하는 기준은 아니다.

<표 3.1>은 유명 작가별로 영상화된 원작의 사례들을 간략하게

정리한 것이다. 영상화된 작품은 일일이 열거하기도 힘들 만큼 그 수가 많지만, 대표적인 작가와 최근 히트작들을 중심으로만 살펴보았다.

스티븐 킹, 존 그리샴 등 베스트셀러 공장과도 같은 작가들은 영화와 드라마의 소재 공급원이 되어왔다. 이들의 작품은 드라마뿐 아니라 영화로도 많이 제작되었다. 스티븐 킹의 작품은 <미저리>, <쇼생크탈출>, <캐리>, <그린 마일> 등의 영화로 잘 알려져 있으며, 2009년 11월에는 <언더더돔(Under the dome)>을 출간하면서 HBO와 드라마 계약을 했다. 참고로, HBO는 타임워너 산하의 프리미엄 영화전문채널로 직접 드라마 제작을 하여 신규 편성하고 있으며, 제작비 규모도 지상파 네트워크를 능가하는 수준이다(www.hbo.com). 변호사 출신의 존 그리샴은 <의뢰인>, <사라진 배심원>, <펠리컨 브리프>, <타임투킬>, <하얀 집> 등의 저자로 글을 대단히 빨리 쓰는 작가로 유명하다.

최근 몇 년 동안 현대로 스며들어온 흡혈귀 이야기가 인기를 얻으면서, 샬레인 해리스, 스테파니 메이어, 리사 제인 스미스 등의 작가가 주목받고 있다. 우리나라에서는 거의 없다시피 한 장르로 할리우드에서 부지런히 제작되는 것이 바로 흡혈귀 장르이다. 해마다 여름이면 한 번쯤 제작되는 <전설의 고향>의 '구미호'를 보면, 할리우드의 흡혈귀 시리즈도 이해되기는 하지만, 그래도 그 인기는 참으로 흥미로운 현상이다. 서양 흡혈귀의 특징은 전염성이 매우 강하다는 것이다.

최근 출판되고 영상화된 흡혈귀 시리즈들은 흡혈귀의 공간적 배경을 유럽에서 미국으로, 시간적 배경을 중세에서 현대로 바꾸어놓은 것이다. 흡혈귀 시리즈 소설로 나온 스테파니 메이어의 2005년 작 <트와

일라이트(Twilight)>가 선풍적인 인기를 끌었다. <트와일라이트>는 이어서 2008년 영화로 제작되어 주목받았다. 소설과 영화에서의 성공을 바탕으로 텔레비전 드라마도 나오기 시작했다. 2008년 빅히트를 한 <트루 블러드>는 2001년부터 나온 샬레인 해리스의 수키 스택하우스 시리즈(Sookie Stackhouse Series)에 기초하고 있다. 2009년 현재 시즌2까지 방송되었다. 리사 제인 스미스의 「뱀파이어 다이어리」 시리즈 소설로부터 출발한 드라마 <뱀파이어 다이어리>는 알로이 엔터테인먼트(Alloy Entertainment), 보난자 프로덕션(Bonanza Production), 워너브라스 텔레비전, CBS 텔레비전 스튜디오 등의 제휴하에서 제작되었고, 2009년 미국 지상파 네트워크의 하나인 CW에서 방송되었다.

이들은 메가히트급 작가로서의 명성에 힘입어 다른 작가들에 비해 훨씬 폭넓고 다양한 형태로 드라마와 영화에 원작 소스를 제공하고 있다. 원작을 그대로 드라마로 옮기는 전형적인 원작 사용 외에도 원작 스토리를 기초로 하여 텔레비전 드라마용으로 재구성하거나 변형시키기도 한다.

에피소드 중심의 할리우드 텔레비전 드라마에 베스트셀러 소설을 적용하는 방안을 찾아가는 과정에서 미드의 주요 캐릭터들은 다른 시리즈에서 같은 역할과 이미지로 등장하기도 한다. 존 그리샴 같은 베스트셀러 작가들은 자신의 책에서 주인공만 뽑아내서 새로운 텔레비전 시리즈를 기획하고, 대본 작업을 하기도 했다. <거리의 변호사>는 동명의 소설에서 캐릭터를 채택했고, 1995년 시작한 텔레비전 시리즈인 <의뢰인>도 동명의 소설에서 여변호사 레지 러브를 등장시켜 기획했던 작품이다. 이 작품은 1994년 워너브라스 제작의 영화로도 나왔는데 상당히 성공적이었다. 그러나 드라마 시리즈는 크게 주목받지 못하고 한 시즌만에 종방되었다.

　　　　같은 캐릭터를 활용하여 동일 배우가 다른 드라마에 출연하는 경우도 있다. 한 프로그램이나 한 미디어에서의 인기를 다른 프로그램이나 미디어로 전이시켜보고자 하는 기획으로 보인다. ABC의 <로스트>에서 찰리 역을 맡았던 도미니크 모나한은 NBC의 드라마 <척>에 게스트 출연을 했다. 모나한은 <로스트>에서와 마찬가지로 <척>에서도 록 스타의 역할을 맡았다.

　　　　원작이나 선행작의 내용에서 일부를 차용하고 변형하는 과정에서 발생할 수 있는 저작권, 표절 등의 문제에 대응하기 위해서, 프로듀서는 E&O 보험(Error & Omission Insurance)에 가입하게 된다. '과실과 누락에 대한 보험'이라는 뜻의 E&O 보험은 피보험자, 피보험자의 임직원, 동업자 등이 피보험자의 업무수행과 관련하여 부주의한 행위, 과실, 태만에 기인하여 피해를 입은 자가 배상 책임을 제기할 경우에 개인 및 기업이 부담하는 법률상의 배상 책임 및 기타 비용을 보상하는 기업 보험을 말한다.

<해리포터>의 사례

　　　　<해리포터>는 텔레비전 드라마가 아니라 극장용 영화이지만, 최근작을 사용한 메가히트작이므로 한번 살펴보고 넘어갈 필요가 있

다. 2000년대에는 특히 베스트셀러에 기초해 제작된 메가히트작이 많았다. 시리즈 영화들은 이전부터도 SF물을 중심으로 종종 있었다. <스타워즈>, <반지의 제왕>, <해리포터>, <터미네이터>, <트랜스포머> 등이 그 대표적인 사례인데, 그중에서도 최근에 단연 돋보이는 영화는 <해리포터>이다. <스타워즈>와 <터미네이터>가 창작 시나리오에 기초한 영화라면, <트랜스포머>는 일본 만화 원작에, <반지의 제왕>과 <해리포터>는 소설 원작에 기초한 영화다. 『반지의 제왕』은 읽기가 그리 녹녹하지 않은 데 비해, 『해리포터』는 누구에게나 줄줄 읽히는 동화와 같은 판타지 소설이다. <반지의 제왕>은 영문학의 고전처럼 읽히는 소설이 출판한 지 오랜 세월이 흐른 후에 영화로 다시 한 번 주목을 받은 경우였다면, <해리포터>는 혜성처럼 등장한 신인 작가의 매혹적인 작품을 바로 영화화한 경우라서 그 자체가 대단히 극적이다.

해리포터의 놀라운 이야기는 조앤 K. 롤링이라는 영국의 여성이 1997년에 『해리포터와 마법사의 돌』을 출판하면서부터 시작되었다. 제2편 『해리포터와 비밀의 방』, 제3편 『아즈카반의 죄수』로 이어지는 소설의 빅히트에 영화계가 주목한 것은 너무나 당연하다. 조앤 K. 롤링은 여러 차례 소설을 영화화하자는 제안을 거절한 끝에 타임워너와 계약을 하면서 소설에서의 메가히트를 영화로 이어나갔다.

영화의 히트는 다시 출판에서의 수입으로, 출판에서의 수입은 다시 영화에서의 수입으로 이어지면서 놀라운 수입을 올렸다. 2001년 개봉한 영화 <해리포터와 마법사의 돌>은 미국에서만 3억 달러 이상

(3,000억 원 이상), 전 세계 시장에서 9억 7,000만 달러 이상(1조 원 이상)의 수입을 냈다. 그 후속 시리즈도 제1편에서의 흥행에 준하는 수준까지 도달했다. 심지어 소설 제7편 『해리포터와 죽음의 성물』의 출판은 제5편을 영화화한 <해리포터와 불사조 기사단> 개봉과 거의 동시에 이루어졌다. 먼저 출판된 책에서 이야기의 결말을 보여줌으로써 영화의 흥행에 부정적일 것이라는 예측이 나돌았으나, 이를 불식시키고 꾸준한 히트를 쳤다.

조앤 K. 롤링은 작가와 엔터테인먼트사 간의 계약 조건으로는 흔치 않게 예술적 측면과 함께 상품화 라이선스 결정권까지 확보하면서, 미발표작인 7편까지 통째로 타임워너와 계약했다. <해리포터> 1편의 영화화 판권은 출판사인 스콜라스틱이 저자에게서 사들여 타임워너에 판매했다. 그 이후에도 타임워너는 2~7편의 영화화 판권을 모두 구입했다. 프로듀서 입장에서 이러한 결정이 쉽지는 않았을 것이다. 소설이 성공했으니까 영화도 히트할 것이라고 예상할 수 있고, 프로듀서는 후속작에 대한 욕심도 났을 것이다. 그래서 작가에게 많은 권리를 제공했을 것이라고 볼 수도 있지만, 그렇게 간단한 일이 아니다. 영화와 같은 콘텐츠 산업의 불확실성이 얼마나 높은지를 알고 있다면, 프로듀서가 그런 계약에 동의했다는 것이 얼마나 큰 위험 부담을 떠안은 것인지, 동시에 그런 계약 자체도 위험을 줄이기 위한 프로듀서의 전략적 선택이었음을 이해하게 될 것이다.

타임워너 엔터테인먼트(Time Warner Entertainment)는 <해리 포터>의 마케팅권을 가지고 있는 회사로, 영화화 판권은 물론이고 인터넷

상에서의 권리도 확보하고 있다. 그런데 하퍼 스티븐스가 해리포터와 관련된 107개의 사용하지 않는 도메인 네임을 소유함으로써 해리포터 관련 사이트명을 고갈시키고 있었다. 이처럼 자신은 사용하지도 않으면서, 유명 브랜드의 가능한 사이트명들을 미리 확보해 타인이 사용하지 못하게 하는 이들을 '사이버스쿼터(cybersquatters)'라고 부른다. 예를 들면, 하퍼 스티븐스는 harrypotterin hollywood.com, harry potterstudios.com, harrypottersmovie.com, harrypotterfilm.org 등의 도메인 네임을 소유하고 있었다. 타임워너는 수차례 시도와 소송 끝에 이를 모두 넘겨받았다.

    타임워너가 『해리포터』 전편에 대한 영화화 권리를 구매하고, 심지어는 제7편을 입도선매한 것은 프로듀서 입장에서 볼 때 한편으로는 대단한 모험이기도 하지만, 다른 한편으로는 오히려 위험을 줄이기 위한 전략적 선택이라고 볼 수 있다. 이미 소설 『해리포터와 마법의 돌(제1편)』의 성공을 목격하면서 타임워너가 영화화 판권을 구매했고, 후속작의 성공을 관찰하면서 후속작들에 대한 영화화 판권 계약이 진행되었기 때문에 프로듀서가 무모한 모험을 했다고 보기는 어렵다. 또 선행작들이 히트를 하고 있는 가운데 다른 프로듀서와 후속작 계약을 하게 될 가능성을 완전히 배제하지 못한다면, 전편의 계약은 이해할 만하다. 따라서 이러한 계약은 프로듀서와 타임워너 입장에서는 위험을 줄이기 위한 합리적인 선택이었다고 볼 수 있다는 말이다. 그럼에도 시리즈 영화에서 제1편의 성공이 후속작의 성공으로 반드시 이어지는 것은 아니기 때문에, 7편이나 되는 시리즈의 전편을 계약하는 것은 센세이셔널한 일이었다.

원작 불패?

그럼 지명도 높은 원작에 기초한 드라마는 성공 확률이 매우 높은가? 원작을 각색한 경우와 창작대본 중 어느 쪽이 더 작품성이 좋은지, 흥행에 더 유리한지 단적으로 말하기는 어렵다.

어떤 변인들이 영상 콘텐츠의 흥행에 영향을 미치는가에 관한 연구들은 주로 영화에 관한 것이 많았다.[2] 이 연구들이 단골로 다루는 변인에는 제작비, 상영 기간, 장르, 스타(배우, 감독, 작가, 제작자), 등급 참여 여부, 비평가의 견해, 영화시장 내 경쟁 정도 등이 포함된다. 스토리 소스가 창작대본인지 원작을 가지고 있는지 여부는 변인에 포함된 적이 거의 없었는데, 텔레비전 드라마와 관련하여 이 변인(원작 사용 여부)을 채택한 최근의 국내 연구는 원작 여부와 흥행과의 관계에서 그것이 통계학적으로 유의미하지 않다는 결과를 보여주었다.[3]

필자가 확인한 바로는 그 연구 결과를 제외하고는 텔레비전 드라마의 원작 사용 여부와 흥행의 관계가 학술지 논문에 등장한 사례가 없기 때문에, 원작과 흥행의 관련성에 대해 결론을 내리기는 이르다고 본

---

[2] 김병선, 「영화 유형에 따른 흥행 예측 요인 비교 연구」, ≪한국언론학보≫ 제53권 1호(2009), 257~287쪽; 유현석, 「한국영화의 흥행 요인에 관한 연구」, ≪한국언론학보≫ 제46권 3호(2002), 183~213쪽; 전범수·최영준, 「국내외 흥행 영화소비 집중도 결정 요인: 1974~2003」, ≪한국언론학보≫ 제49권 6호(2005), 401~417쪽.
[3] 이화진·김숙, 「TV드라마 시청률에 영향을 미치는 요인: 내용변인을 중심으로」, ≪한국방송학보≫ 21권 6호(2007), 492~535쪽.

다. 원작 사용 여부 변인을 분리하여 흥행에 미친 효과를 분석하기도 그다지 가능한 일이 아닐 뿐더러, 다른 연구가 더 있다고 한들 별로 달라질 일은 없다.

참고로 얘기하자면, 스타 캐스팅과 흥행의 관계를 다룬 과거 연구들도 그 결과가 일치하지 않는 실정이다. 그러나 중요한 것은 연구 결과가 원작과 흥행, 스타 캐스팅과 흥행의 관계를 입증하든 부인하든 간에, 텔레비전 드라마와 영화와 같은 영상 콘텐츠 산업에서 원작의 사용과 스타 캐스팅은 계속될 것이라는 사실이다.

많은 텔레비전 드라마가 원작 소설에 기초하는 근본적인 이유는 불확실성에 따른 위험 부담을 줄일 뿐 아니라, 베스트셀러의 인기에 편승할 수 있다는 기대감 때문이다. 즉, 실패의 두려움과 대박의 기대감이 동시에 작용하는 것이다. 원작에 근거한 스토리는 흥행의 위험 부담을 덜어주는 전략적 선택이다. 텔레비전 드라마는 영화보다 위험 부담이 상대적으로 낮고, 그런 만큼 수입도 상대적으로 낮다. 그럼에도 텔레비전 드라마도 기본적으로 공공재적 성격뿐만 아니라 경험재적 성격도 가지고 있다는 점에서 영화와 마찬가지로 불확실성의 산업이다.

영상산업을 흔히 '고위험 고수익(high risk, high return)의 산업'이라고 한다. 그것은 영상 콘텐츠 상품의 한계비용이 0에 가까워 규모의 경제 효과가 크기 때문이다. 이런 용어들에 생소한 독자들은 더 이상 읽어 내려가기 싫어질지도 모르지만 쉽게 이해할 수 있는 간단한 원리이다. 일반적인 상품은 많이 팔려서 생산을 많이 하면 수입도 증가하지만, 그에 따른 비용도 추가적으로 투입된다. 원자재 가격, 인건비, 시설 및 장비 비용, 전기세와 같은 공공요금 등이 생산량이 늘어감에 따라 증가한다. 물론 정비례로 증가하는 것은 아니다.

예를 들어, 10명의 노동자는 상품 100개를 생산할 수도 있지만, 초과수당을 지급함으로써 110개도 생산할 수 있다. 그러나 200개를 생산하려면 추가적인 고용이 발생한다. 200개까지 생산할 수 있는 공장부지, 시설, 장비 등은 생산량이 200개가 될 때까지는 물량을 소화할 수 있지만, 200개에서 몇 개를 초과하여 생산하려고 해도 추가적인 공간, 시설, 장비가 요구된다. 조금 초과하여 생산할 것이라면 그냥 200개까지만 생산하고 추가적인 비용을 투입하지 않는 것이 유리할 것이다. 이것이 일반적인 상품의 생산 비용의 이야기라면, 영화는 전혀 다른 구조를 가지고 있다.

영상 콘텐츠는 한 번 제작하는 데 막대한 비용이 투입되지만, 일단 제작이 완료되면 아무리 많은 관객이 시청해도 제작비용이 추가되지 않는다. 다만 배급 관련 비용이 추가될 뿐이다. 관객 수에 따라 비용이 추가되지 않으니 관객의 수는 많으면 많을수록 좋다. 영상 콘텐츠 상품의 한계비용이 제로(0)라는 사실은 제작자나 프로듀서 혹은 감독이 대박의 꿈을 버리지 못하는 경제학적 설명이 될 수 있다. 콘텐츠 산업의 이러한 특성 때문에 관객이나 시청자의 적정 인원이라는 것은 없으며, 일단 생산되었으면 무조건 최대한 많은 사람을 동원할 수 있어야 하는 것이다. 지명도 높은 원작을 스토리 소스로 사용하는 것도 영상 콘텐츠의 마케팅에 중요한 기여를 할 것이라는 기대감에서이다.

특히 2000년대 들어 콘텐츠업계에서 주목했던 OSMU(One Source

Multi Use) 전략의 성공 사례들은 검증된 스토리의 중요성을 확인시켜주는 계기가 되었다. OSMU는 하나의 유력한 원천 콘텐츠를 활용하여 영화, 드라마, 만화, 게임 등과 같은 다른 콘텐츠 산업들과 유기적인 연관성을 맺어나가 마케팅 효과를 극대화시킴으로써 이윤을 창출하는 콘텐츠 전략 개념이다. 이처럼 멀티플랫폼 시대로 접어들어 콘텐츠 전략의 하나로 OSMU가 주목받게 되면서 원작 사용은 주로 영상 콘텐츠의 경제학적 측면을 중심으로 논의되고 해석되는 경향이 있었다.

그러나 실제로 영화에서 다른 형태의 기존 작품들(문학이나 만화 등)을 스토리 소스로 삼는 것은 단순히 경제학적 측면 외에도 정치, 영화정책, 시장, 미디어 기술 등 네 가지 측면과의 관련하에 결정되어왔음을 필자가 참여한 연구[4]에서 확인했다. 원작의 사용 형태에 영향을 미치는 많은 사건들은 국가별·시대별 특수성에 기초하고 있었다.

또 영상 콘텐츠는 경험재(experience goods)로서 흥행 성공을 예상하기 매우 어려운 상품적 특성을 가지고 있어, 제작자들은 검증받은 이야기 구성을 가진 원작을 찾는 것이 창작 스토리를 발굴하는 것보다 유리하다고 판단하는 경향이 있다.[5] 경험재는 실제로 상품이나 서비스를 이용해보기 전에는 그 상품이나 서비스의 가치를 평가하기 어려운 상품을 말한다. 다른 일반 상품은 시험 기간이 주어질 때 경험해보고

---

[4] 조은희·임정수, 「한국영화산업의 시대별 특수성에 따른 원작 사용에 관한 연구」, ≪언론과 사회≫ 제17권 3호(2009) 참조.
[5] 윤여수, "원작 있는 영화가 쏟아진다. 왜?", ≪머니투데이≫ 2008년 2월 8일자.

마음에 들지 않으면 최종적인 구매를 포기할 수도 있지만, 영화, 텔레비전 드라마, 게임 등과 같은 상품은 일단 한 번 경험하는 것으로 소비가 마무리된다. 영화관에 가서 일단 보고 재미있으면 관람료를 내고, 재미없으면 지불하지 않겠다고 말할 수 없다는 것이다. 그러다 보니 지명도 높은 원작에 기초한 작품이 더 어필한다는 가설이 개연성을 갖는다.

이미 출판시장 등에서 한 차례 검증을 거친 지명도 높은 원작을 사용하는 것이 언제나 드라마의 흥행을 보장하지는 못하지만, 제작자, 프로듀서 및 감독은 창작대본에 필연적으로 수반하는 위험 부담을 줄이고 싶은 것이다. 이는 스타 캐스팅과 다를 바 없다. 스타 캐스팅이 언제나 흥행을 보장하지는 않는다는 사실을 프로듀서는 잘 알고 있지만, 스타가 아닌 무명의 배우를 선택할 용기는 생기지 않는 것이다.

스튜디오나 투자자를 설득하기에도 이미 다른 미디어 시장(예를 들면 출판, 만화, 웹, 연극 등)에서 검증된 원작을 사용하는 것이 유리하다.6 캐스팅에서도 유명 원작을 확보하는 것이 유리하다. 더욱이 흥행을 위한 영화 마케팅은 일반 상품과는 달리 기업 브랜드보다는 스타, 감독, 영화제 수상 등의 요소들을 강조한다. 지명도 높은 원작에 편승하면 마케팅을 할 때도 유리한 점이 많다. 무엇보다 제목의 홍보가 용이하고, 이미 알고 있는 원작에 어떤 배우가 캐스팅 될지, 원작의 스토리가 어떻게 바뀔지 등 관객들에게 호기심을 유발시킬 수 있다.

---

6 양영철, 『영화산업』(집문당, 2006), 213~215쪽; 이은경, "일본 만화원작 제작영화 동향(해외통신원 리포트)"(2007), 영화진흥위원회 홈페이지(On-line), http://www.kofic.or.kr.

미드 생산에서 좋은 원작을 확보하는 일은 중요하다. 모든 텔레비전 드라마가 원작에 기초하여 대본 작업을 하는 것은 아니지만, 프로그램의 성패에 대한 책임감의 무게를 느끼는 프로듀서들은 스토리 소스가 될 만한 원작 찾기를 게을리할 수 없다. 창작 시나리오를 가지고 미드가 제작되기도 하지만, 많은 자금이 투입되고 있는 미드 시장에서 스토리의 시장 검증을 끝낸 원작에 토대를 둔 작품이 스튜디오와 네트워크의 시선을 끌기에 더 유리한 것은 어쩔 수 없다.

4장 흥행과 예술, 프로듀서의 역할

"영화를 만들 때마다 나는 이것이 나의 마지막 영화가 될 것이라고 생각한다. 한 명의 관객도 보러 오지 않을 수 있다는 생각도 한다. 모든 것이 실패할지도 모른다는 생각도 항상 가지고 있다. 죽을 것 같이 무섭다." 할리우드에서 가장 성공한 프로듀서의 말이다.

CSI와 제리 브룩하이머

제리 브룩하이머는 <CSI>를 기획 및 제작한 프로듀서로 그의 이름은 우리나라 시청자들에게도 낯설지 않다. 미드를 이야기하면서 <CSI>와 그것의 제작자인 제리 브룩하이머를 언급하지 않을 수 없다. 우리는 <CSI>의 감독에 대해서 말하지 않는다. <펄프픽션>과 <저수지의 개들> 등을 통해 알려진 컬트영화 감독인 쿠엔틴 타란티노가 <CSI> 시즌5에서 에피소드 24와 25(Grave Danger I, II)의 감독을 맡았었는데, 그의 명성에 힘입어 시청자들의 주목과 기대를 받았던 적이 있다. <CSI>가 시즌10을 달리고 있지만, 타란티노를 제외한 다른 감독에 대해서 크게 주목한 일은 없었다. <CSI>를 말할 때, 기본적 스토리의 창작자[1]인 앤서니 주커, 책임 프로듀서(Executive Producer) 제리 브룩하이머, 그리고 주연(그리섬 반장)과 프로듀서를 동시에 맡은 윌리엄 피터슨을 주로 기억한다.

<CSI>는 '범죄 현장 수사(Crime Scene Investigation)'의 약자로, 미국 과학수사대가 사건 현장에서 발견한 증거물들을 가지고 과학적 분석을 통해 사건 해결에 접근해가는 과정을 보여주는 범죄수사 드라마이다. <CSI>는 2000년 앤서니 주커라는 무명 작가가 쓴 범죄수사 드라

---

[1] 이 글에서 '창작자'라는 용어는 원작 소설의 저자와 구분하여 사용했다. 미드 제작 작업에서 '창작자'는 대개 파일럿 대본의 저자를 의미하며, 미드의 크레디트에서는 creator라는 항목으로 표시된다.

마 대본으로부터 시작되어, 책임 프로듀서이자 스튜디오를 대표하는 제리 브룩하이머를 통해서 이루어냈다고 할 수 있다.

브룩하이머는 <베버리힐스캅(Beverly Hills Cop)>(1984년 작), <탑건(Top Gun)>(1987년 작), <배드보이즈(Bad Boys)>(1995년 작), <더 록(The Rock)>(1996년 작), <아마겟돈(Armageddon)>(1998년 작), <캐리비안의 해적(the "Pirates of the Caribbean" trilogy)>(2003·2006·2007년 작) 등의 영화도 기획한 할리우드의 베테랑 프로듀서이다.

그동안 <CSI>는 스핀오프 제작이 이루어져서 <CSI 뉴욕>, <CSI 마이애미> 등의 시리즈가 제작되었고, 이들 시리즈 역시 국내의 케이블TV를 통해 방송되었다. 범죄수사물은 수도 없이 많은 영화와 시리즈들로 제작되어 뻔한 이야기일 수도 있었다. 선과 악을 극명히 나누어주고 선이 악을 응징함으로써 현실에서의 선과 악의 혼돈과 응징되지 않는 악에 대한 대리 해소를 제공하고 있어서인지, 범죄수사물은 보편화된 장르이다. 그런 범죄수사물이 특별한 스토리가 되도록 차별적 상품을 만들어나가는 것이 프로듀서의 안목과 능력이라고 볼 수 있다.

브룩하이머는 "중요한 것은 과정이고, 과정을 이야기하는 것에 늘 관심이 많으며, 범죄 드라마에서도 사건이 어떻게 해결되는지 보여주고 싶다"고 어느 라디오 인터뷰에서 말한 바 있다. 범인이 밝혀지지 않는 절망스러운 상황에서도 작은 단서로부터 범인을 밝혀내는 과정을 보여주는 <CSI>는 프로듀서의 그런 드라마에 대한 철학이 배어 있다. 또 그는 텔레비전 드라마의 주된 시청자는 여성인데도 기존 범죄수사 드라마는 남성중심적 경찰 이야기였다는 점에서 발상의 전환을 시도했다. 그는 범죄수사 드라마에서 여성을 더 영향력 있고 이성적인 존재로, 그러면서도 가정과 사회와의 조화를 유지하는 존재로서 묘사할 필요가 있다고 생각했다. 이런 것이 유능한 프로듀서의 안목이다.

프로듀싱팀

필자가 로스앤젤레스에 머무는 동안 주로 접한 이들은 배우나 감독이 아닌 프로듀서들이어서 프로듀서의 중요성을 과장되게 이해하고 있는 게 아닌가 하는 생각도 해보았지만, 혹 과장이 있더라도 사실이 왜곡될 정도는 아닌 것 같다. 미드에서 프로듀서의 위치는 왜 감독을 능가하는가?

이 물음에 대해 대개의 프로듀서들은 "할리우드에서 영화와 드라마의 생산은 순수예술이 아닌 '산업'이기 때문"이라는 식으로 설명했다. 다시 말하면, 할리우드의 영화와 드라마에 대한 투자의 위험성 때문에 작업 전반에 대한 지휘권을 프로듀서가 가질 수밖에 없다는 것이다. 감독과 작가들이 할리우드의 분위기에 익숙한 베테랑이라 할지라도 그들은 순간순간 독단에 빠져들기 마련이다. 이에 제동을 가하고 조율하고 발전적 방향으로 유도하는 총책임을 프로듀서가 지는 것이다. 그래서 미드의 크레디트를 보면 프로듀서라는 직함이 붙은 항목이 참 많다. 이들은 Executive Producer, Producer, Co-Executive Producer, Consulting Producer, Associate Producer, Line Producer 등으로 프로듀싱팀을 구성한다.

- Executive Producer(책임 프로듀서, EP): 모든 업무를 총괄하고, 작가, 프로듀서, 감독 등을 고용하며, 주로 예산을 통제한다. 때로 여러 명의 EP가 있기도 한데, 이 경우에 네트워크와 언론 담당, 배우와 창작 스태프들과의 계약 담당, 예산과 비즈니스 담당 등으로 구분되어 업무를 보기도 한다.
- Showrunner(쇼러너): 공식적인 명칭은 아니지만, 창작의 전반적인 방향을 책임지는 책임 프로듀서나 작품의 원작 작가, 오리지널 창작자 혹은 파일럿 대본이나 쇼 바이블[2]의 작가가 이를 맡기도 한다. 쇼러너는 작가팀을 구성하고 그들을 리드하는 역할을 하며, 다른 작가들을 이끌고 대본의 수정을 맡기도 한다. 쇼러너가 책임 프로듀서를 겸하는 일이 많다.
- Producer(Senior Producer, Supervising Producer): 작품의 실질적인 총책임을 지는 프로듀서를 말한다. 아이디어, 기획, 캐스팅, 스태프 구성, 예산 및 기술 관리 등 업무를 총괄한다.
- Integrated Producer: 웹, 게임, 모바일 등을 위한 콘텐츠 개발을 관리하고 창작하는 새로운 유형의 프로듀서이다.
- Associate Producer: 프로듀서의 업무를 보조하면서 프로듀서의 오른팔 역할을 한다.

---

2 바이블(format bible)은 프로그램 포맷에 대한 모든 정보, 청사진 등이 일목요연하게 정리된 서류를 말하는데, 진행자, 초대 손님, 쇼의 규칙, 스태프, 제작 일정, 에피소드의 발굴 방법, 대본, 무대 도면, 음악, 음향효과, 특수효과, 예산, 시청자 조사 결과, 사진 등을 포함한다.

- Line Producer: 프로젝트의 시작부터 끝까지 일상적인 업무에 가장 많이 개입한다. 예산과 실질적 집행 예산을 비교 관리하고 장부를 정리한다. 텔레비전의 행정적 측면을 대표한다.
- Staff Producer: 프로덕션에 고용되어, 인터뷰 게스트 접촉, 스토리 연구, 라이선스 정보 추적, 촬영 장소 확보 등의 업무를 본다.
- Segment Producer: 매거진 포맷 쇼, 토크쇼 등에서 프로그램 속의 한 코너를 관리한다.
- Field Producer: 현장 프로듀서로 로케이션에서의 업무 관리를 위한 프로듀서이다.
- Session Producer: 녹음 세션, 인터뷰 등을 관리하여, 작품의 질을 관리한다.
- Postproduction Supervisor: 후반 작업을 관리하는 프로듀서이다.

미드 생산에서 프로듀서에 감독보다 더 큰 의미가 부여되는 또 다른 이유는 프로그램의 성공이 수익과 직결되는 미드의 시장구조 때문이다. 따라서 그 무엇보다 재정적 관리와 아이디어의 통합적 관리가 전문가에 의해 조직적으로 행해져야 하는 것이다. 미드는 주요 네트워크의 광고시장, 인터넷과 텔레비전의 VOD 시장, 신디케이션 시장, 해외시장 등에서 거래되고 있기 때문에 단순히 방송광고 수익 구조하에 있는 시장과는 판이하게 다르다. 이런 시장 환경을 고려할 때, 프로듀서의 역할 비중이 커지는 것은 주목할 만한 현상이다.

프로듀서들은 미드 제작에서 프로듀서가 더 중요해진 이유로 할리우드에서 감독과 작가는 대체 가능하기 때문에 돈과 아이디어를 동시에 관리할 수 있는 프로듀서의 역할이 더 중요하다는 점을 지적했다. 프로듀서의 시각에서 본 측면이 강하기 때문에 이견이 있을 수도 있지만, 일단 필자는 그 생각에 동의하면서 이 책에 포함시키기로 했다. 여기에서 유의할 것은 프로듀서들이 언급한 "대체 가능한 감독과 작가"는 스토리의 창작자가 직접 감독을 하거나 대본을 쓴 경우를 말하는 것이 아니라, 프로듀서에 의해 고용된 감독과 작가팀의 구성원들을 말한다.

미드 시리즈는 10여 편에서 20여 편에 이르는 에피소드로 한 시즌을 구성하게 되는데,[3] 이 모든 작품을 한 사람의 작가와 감독이 진행을 하는 것이 아니라 각 에피소드마다 새로 작가와 감독이 선임된다. 물론 여러 편에 걸쳐 대본을 쓰고 감독한 이들도 있고 한두 편에만 참여한 이들도 있다. 그렇게 함으로써 작가들과 감독은 한 편의 작품에 더 몰두하여 준비할 수 있는 충분한 시간을 가진다. 대개 미드 시리즈는 일주일에 한 편의 에피소드를 방송하고 있는데, 특별히 스튜디오가 재정난을 겪고 있지 않다면 50퍼센트 이상의 에피소드 제작이 완료된 상태에서 방송에 편성된다. 나머지는 방송이 시작된 이후에 순차적으로 제작된다.

---

[3] 지상파 네트워크는 22편 내외로 한 시즌을 구성하며, 케이블 네트워크는 순환 편성을 하므로 13편 내외로 한 시즌을 구성한다. 지상파 네트워크의 경우 13편이 우선 주문되고, 시청률 추이를 보면서 반응이 좋으면 9편을 추가 주문하게 된다. 드라마 신규 편성은 보통 9월 가을 시즌에 있으며, 미처 타임슬롯을 못 찾은 시리즈들이 미드 시즌(1월경 시작)에 편성된다. 봄 시즌에는 재방송을 한다. 이러한 방식이 전통적이지만, 다양하게 변형된 편성 전략도 가능하다. 시즌에 대한 더 자세한 설명은 이 책의 9장 참조.

그럼에도 우리나라 드라마 제작 현장에서 일어나는 쪽대본에 대한 불만이 덜 나오는 것은 바로 각각의 에피소드를 다른 제작팀이 맡아서 제작하고 있어 각 팀이 심각하게 일정에 쫓겨서 일을 하지는 않기 때문이다. 영상 제작에서 시간을 끄는 것은 비용과 직결되기 때문에 아예 시간의 구애를 받지 않는다고 할 수는 없지만, 편성일자에 쫓겨서 제작하지는 않는다는 말이다. 경우에 따라서 대본이 완성되지 못하여 제작이 지연되면 시리즈의 조기 종영이 있을 수도 있지만, 그런 경우에 손실에 대한 배상 문제가 심각하게 발생하므로 흔한 일은 아니다.

할리우드의 미드 제작에서 이런 제작 방식을 채택하고 있으므로, 스토리의 창작자와 기획자의 의도가 서로 다른 에피소드에서 일관성 있게 반영되도록 하기 위해서 쇼러너의 역할이 요구된다. 이 역할은 대체로 스토리의 창작자, 파일럿 작가 혹은 책임 프로듀서가 맡게 된다. 이들은 모두 동일인일 수도 있고 아닐 수도 있다.

예를 들면, <위기의 주부들>의 창작자이자 프로듀서인 마크 체리는 쇼러너로서 역할하기도 했다. <매드맨(Mad Men)>[4]의 창작자, 프로듀서, 대표 작가인 매튜 와이너도 쇼러너로서 작가팀의 방향을 잡아주는 역할을 했다. 할리우드에서 대본작가와 감독을 "대체 가능한" 존재로 본다는 말은, 결국에 남는 것은 돈과 아이디어밖에 없으며 나머지는 모두 돈과 아이디어로 해결할 수 있다는 할리우드식 제작 방식의

---

[4] 뉴욕 매디슨가의 기업 중역들을 의미하는 말이다.

배경에서 나온 이야기이다. <CSI>의 시즌1을 보더라도 창작자인 주커는 파일럿(에피소드1)과 에피소드2의 대본을 쓴 다음, 에피소드3부터는 간혹 직접 대본에 참여하기는 하지만 메인 작가로 이름을 올린 경우가 많지 않다. 병원 드라마인 <닥터 하우스>에서는 데이비드 쇼어가 쇼러너로서의 역할을 했다. 이런 예들은 수도 없이 많다.

프로듀싱-기획 단계

기획 단계에서 프로듀서는 오리지널 창작자, 대본작가와 머리를 맞대고 아이디어를 낼 수 있어야 하고, 투자를 유치할 수 있는 사업가적 마인드도 가져야 하며, 유능한 스태프들을 동원할 수 있는 능력도 있어야 한다. 또한 수준 높은 자문을 구하여 자신의 독선적 결정을 경계해야 한다. 일단 프로젝트가 시작되었다는 것은 프로듀서가 스튜디오에 한시적으로 고용되었다는 것을 의미하므로, 프로듀서는 스튜디오를 대표해서 각종 계약에 임하게 된다.

프로듀서가 원작을 확보하는 일은 성가신 저작권 문제를 해결하는 과정으로 볼 수 있다. 스토리 소스를 확보할 때에는 원작자나 스토리 소스를 가진 이를 찾아서 영상화에 대한 권리를 확보해야 한다. 만일 원작자를 확보하지 못할 때에는 전문 변호사를 만나서 상담해서 해결해야 한다. 스튜디오가 원작의 권리를 구입할 때에는 단순히 영화나 드라마 제작에 대한 권리뿐 아니라, 일반적으로 비디오 판권, 인터넷 등

영상 판권 등의 영상화에 따른 부차적인 권리를 함께 구입하기를 원한다. 영화 혹은 드라마를 제작하는 과정에서의 비용을 스튜디오가 감당하는 것이므로 그 결과물에 대한 권리도 스튜디오가 갖는 것이 합당하다고 생각된다. 하지만 스토리 소스를 제공한 원작자도 그러한 스튜디오의 입장에 동의하는 것은 아니다.

저작권은 권리의 보유자가 여러 개의 권리들로 분리하여 다룰 수 있는 특징이 있어서 여간 복잡하지 않다. 소설의 원작자는 그 소설에서의 표현과 출판과 같은 기본적인 권리들뿐 아니라, 소설의 캐릭터들, 공연, 영화화, 비디오 판권, 오디오북 판권 등에 대한 모든 권리를 포함하는 포괄적 의미의 저작권을 보유하고 있다. 그러나 원작자가 자신의 권리를 타인에게 양도할 때에는 이들 권리를 하나씩 분리하여 따로따로 판매할 수 있다.

얼추 생각하기에는 이 모든 권한을 별도로 나누어 판매하는 것이 더 큰 이익을 발생시킬 것 같기도 하지만, 그렇게 분리해서 처리하면 거래 비용을 엄청나게 발생시킬 뿐 아니라 구매자의 구매 동기를 현저히 저하시킨다. 드라마 콘텐츠의 저작권 분리 판매는 오래된 자동차나 컴퓨터를 통째로 파는 것보다 부품을 분리해서 파는 것이 이익이 더 클 수 있는 경우와는 전혀 다르다. 자동차나 컴퓨터의 분리된 부품의 구매자는 다른 부품의 구매자가 그 부품을 어떻게 사용하든 상관이 없다. 반면 다른 사업자가 비디오/DVD 판권을 가지고 있는 드라마 시리즈의 온라인 판권을 누가 구매하겠는가?

대본 작가를 고용하기 위해 프로듀서는 평소에 많은 대본을 읽어

두어서 어떤 작가들이 유능한지를 파악해두어야 하고, 작가, 감독, 배우, 스태프 등과 친밀한 관계를 유지하고 많은 시간을 보내면서 정신적인 교감을 만들어두어야 한다. 할리우드의 프로듀서는 제작 예산의 1퍼센트 정도를 이런 용도로 사용할 수 있는 판공비로 책정하곤 한다.

원작이나 스토리라인이 결정되었다고 프로듀서의 일이 성공적으로 출발했다고 보기는 아직 이르다. 프로듀서는 드라마의 기획 의도를 살리는 한편, 흥행을 보장할 대본작가를 고용해야 한다. 무조건 최근 가장 큰 흥행을 낸 작가를 고용한다고 해서 성공이 보장되는 것도 아니다. 기획한 작품에 잘 맞는 적임자를 찾아야 하는 일은 프로듀서의 능력을 평가받는 작업이 될 것이다.

예를 들면, 텔레비전 드라마 <M*A*S*H>는 원작 소설과 동명의 영화(로버트 알트만 감독의 1970년 작)가 성공한 데 관심을 가진 20세기폭스사가 진 레이놀즈에게 텔레비전 시리즈 파일럿을 제작하도록 요구하면서 시작했다. 진 레이놀즈는 할리우드 스튜디오 시스템하에서 배우로 일한 경력을 가지고 프로듀서로 영역을 넓혀온 인물이며, 미 해군 출신으로 제2차 세계대전에 참전한 경력을 가지고 있었다. 스튜디오는 진 레이놀즈가 이 소설의 파일럿을 제작하기에 더없는 적임자라고 판단했다. 프로젝트에 참여한 진 레이놀즈는 이 드라마의 성공에 가장 중요한 것은 유능한 작가의 고용이라고 판단했다. 그리고는 영국에 살고 있는 레리 겔바트에게 연락했다. 겔바트는 제2차 세계대전 당시 군 라디오네트워크에서 일했고, 전후에 코미디 작가로 일했다. 겔바트는 1950년대에 함께 일하던 이의 권유로 텔레비전으로 분야를 바꾸어 제법 성공을 거두고 있던 와중에 레이놀즈의 연락을 받은 것이다. 겔바트는 파일럿에서 소설 속의 몇몇 캐릭터는 삭제하고 다른 몇몇 캐릭터는 부각시키는 등 원작을 텔레비전 드라마에 적합하게 손을 보았다. 또 외설적인 장면, 누드, 외과수술 장면 등의 자극적인 장면들을 순화시키는 한편, 코미디 작가로서의 역량을 살려 풍자적인 측면을 강조했다. 알란 알다의 주인공 역도 돋보이는 캐스팅이었다. 그는 텔레비전 드라마에 출연하기도 했지만, 주로 브로드웨이의 무대에서 활동을 하던 인물이었다. 그런 경력은 그의 즉흥 연기를 발전시켜 주었고, <M*A*S*H>에서 빛났다.[5]

리트워크(M. Litwak)는 할리우드 시스템이 붕괴되면서 오늘날 영화산업에서 영화제작보다는 거래 및 계약에 더 많은 시간과 수고가 투입된다고 단정적으로 말했다. 한 편의 영화가 완성되어 시장에 나오는 것을 100으로 볼 때, 영화제작이 20퍼센트, 거래 및 계약 등의 작업이 80퍼센트 정도라고까지 보았다. 이 부분은 영화뿐 아니라 미드도 마찬가지이다. 실제로 한 에피소드의 촬영 기간은 7~8일 정도이다. 프로듀서의 일반적인 프로젝트 개발 방식을 다음 몇 가지로 유형화해볼 수 있다.[6]

- 독점적 개발: 이 방식은 작업하고 있는 프로젝트에 대해서 계약을 맺은 스튜디오에서만 작품화하는 계약이다. 스튜디오가 가장 선호하는 방식인데, 기껏 비용을 들여 개발한 프로젝트가 다

[5] D. S. Diffrient, *M*A*S*H* (Detroit, MI.:Wayne State University Press, 2008).
[6] M. Litwak, *Dealmaking in the film and television industry*, p.11.

른 스튜디오에서 대박을 내는 일을 막을 수 있기 때문이다. 이 방식의 계약하에서는 프로젝트가 도중에 중단되더라도 프로듀서는 다른 스튜디오와 거래할 수 없다. 드라마 시리즈 프로젝트의 중단은 할리우드에서 드문 일이 아니기 때문에 프로듀서로서는 이 방식의 계약이 부담이 된다.

- 우선 검토 거래: 이 방식은 프로듀서의 기획안을 특정 스튜디오가 먼저 검토할 수 있는 거래이다. 프로듀서에게 가장 많은 가능성을 제공하기 때문에 프로듀서들이 가장 선호하는 거래 방식이다. 한 스튜디오와 프로젝트를 진행하다가 어떤 사정으로 중단이 되면, 프로듀서는 다른 스튜디오와 거래할 수 있다.
- 자체관리: 이 거래 방식은 신인 프로듀서들과의 거래에서 보통 일어난다. 스튜디오는 프로듀서에게 스튜디오 내에 사무실을 제공하고 작업 환경을 제공하는 대신에 이와 관련된 비용들은 오버헤드로 충당하므로, 스튜디오는 저렴하게 신인 프로듀서들을 확보하는 이점을 갖는다. 이 방식의 계약에 동의하면 신인 프로듀서가 프로젝트를 시작하기 용이하겠지만, 오버헤드라는 것은 할리우드 거래에서 무서운 측면이 있다는 사실을 인지하고 있어야 한다.

영화나 드라마 프로젝트가 성공하여 수익이 발생할 때 스튜디오와 프로듀서는 순수익에 대해서 수익 배분을 하게 되는데, 이때 순수익은 총수입에서 배급비용, 제작비용, 투자자 지분, 금융 이자, 오버헤드 등을 공제한 금액이 된다.

그런데 오버헤드는 정확히 계산되는 실체가 아니라 스튜디오가 임의적으로 책정할 가능성이 크다. 프로듀서의 사무실 사용료, 행정적 지원 비용 등을 과다하게 책정할 경우, 순수익이 전혀 남지 않을 수도 있으며, 때로는 회계상의 적자로 나타나기도 한다. "도대체 이 오버헤드가 뭐야?"라고 신인 프로듀서가 항의한다면, 스튜디오 담당자는 "당신이 사용한 사무실의 한 달 임대료가 얼만지 알기나 해? 우편물 수령은 한 번이라도 당신이 직접 한 적이 있어? 매일 사용한 전기는 당신 동네에서 끌어다 온 것인가?"라고 대꾸할 것이다. 이렇게 마련된 오버헤드는 회계상으로는 스튜디오의 간접비용이 되며, 실질적으로는 스튜디오의 수익이 된다. 어처구니없게도 프로듀서 지분은 사라진다. 신인 프로듀서가 한 번은 감수해야 될 일인지도 모르지만, 스튜디오에게는 신비의 회계이다. 실제로 이 오버헤드 때문에 프로듀서나 작가들은 스튜디오를 상대로 소송을 하는 일이 잦다.

프로듀싱-제작 단계

제작 단계에서 프로듀서는 감독과 의견을 조율할 수 있어야 하고, 그와 동시에 예산의 집행에 대해서 늘 예의주시하며 관리할 수 있는 돈에 대한 감각을 가져야 한다. 세트와 로케이션 비용을 확인하여 계획대로 작업이 진행되는지도 점검을 해야 하며, 작업에 방해가 될 정도의 스태프들 간 갈등 요소들은 없는지 점검도 해야 한다. 제작 스태프 간의 갈등은 프로젝트의 완성도를 높이는 과정이기도 하지만, 과도할 경우에는 시간과 에너지를 소모시키기 때문에 결국은 재정적인 손실로 이어진다.

미드 제작에서는 프로듀서의 역할이 절대적이므로, 감독의 위상은 영화에서보다는 상대적으로 낮다. 프로듀서나 대본작가가 직접 감독하는 경우도 있는데, 그런 경우에는 감독의 권한이 상당히 크겠지만 일부 에피소드를 맡은 감독의 권한은 제한적일 수밖에 없다.

감독의 실질적인 작업은 대본 작업으로부터 시작한다. 시나리오 작업을 위해서 작가와의 지속적인 회의가 진행되고, 한편으로 프로듀서와는 예산과 배우 캐스팅 및 기술 스태프의 고용 등에 대해서도 의논하여 결정해야 한다. 프로듀서가 다루어야 할 가장 중요한 문제는 바로 예산이며, 이 예산은 작업의 시간에 의해 좌우된다. 프로듀서와 감독들은 하나같이 제작에서 시간을 절약하는 것만큼 비용을 획기적으로 줄일 수 있는 방법은 없다고 한다. 제작 시간은 배우와 스태프의 숙련도, 작업의 성격(로케이션, 스튜디오 제작물, 특수효과, 그래픽) 등에 따라서 큰 차이를 보인다. 비용을 줄이기 위해 비숙련 스태프를 고용하는 것은 작업의 시간을 지연시킬 수 있어 전혀 도움이 되지 않는다는 것이 할리우드 감독들의 공통된 의견이다.

드라마 제작 과정에서 감독의 판단과 결정은 중요하다. 배우의 연기, 카메라, 조명, 편집, 음악, 효과 등에서 감독은 자신이 의도한 방향대로 스태프와 배우들이 움직이도록 방향을 제시하고 이끌어가야 한다. 드라마의 제작 과정에서는 기획이나 배급 단계에 비해 감독의 역할이 특히 부각된다. 프로듀서는 수시로 감독을 만나서 의견을 교환하고 진행을 점검해야 한다. 프로젝트 진행 도중에 불가피한 상황이 발생하면, 작가팀의 일부를 교체할 수는 있어도 감독을 교체하기는 쉬운 일이 아니다. 전혀 불가능하지는 않지만, 감독은 야전 사령관과 같기 때문에 교체된 새 감독이 자기 스타일대로 작업이 진행될 수 있도록 촬영장을 장악하는 데 많은 노력과 시간이 걸린다.

유능한 스태프를 고용한 프로듀서는 불필요하게 낭비되는 시간을 줄임으로써 예산을 효율적으로 활용할 수 있다. 스태프, 장비, 장소에 지불하는 비용은 모두 시간 단위로 지불되므로, 영화제작에서 시간은 곧바로 돈으로 이어진다. 또한 불가피하게 지연되는 일정과 꼭 필요한 제작 인력에 대한 충분한 이해가 있는 유능한 프로듀서는 예산과 일정을 무리하게 잡지 않는다. <킬링필드>, <미드나잇 익스프레스>, <미션> 등을 프로듀싱한 할리우드의 프로듀서 푸트남은 어떤 칼럼에서 "(기획이 끝난 후) 일단 제작이 시작되면 프로듀서가 해야 할 가장 중요한 일은 위기관리"라고 했다.

프로듀싱-배급 단계

제작이 끝나면 편집 작업과 음악, 음향, 믹싱 작업에서도 문제가 없는지 확인하고, 지불되지 않은 대금과 수당을 결재하여 집행해야 한

사진 4.1 <매드멘>의 옥외광고 ⓒ 임정수

주: <매드멘>은 AMC채널에서 방영된 드라마이다. 옥외광고판 아래의 'CBS'라는 표시는 CBS 계열사인 CBS옥외광고회사에서 운영하는 옥외광고판이란 뜻이며, 이 드라마의 제작과는 무관하다.

다. 그리고 마케팅 차원에서 언론에서의 노출을 계속 시도해야 하고, 네트워크와의 라이선스 요금 계약, 온라인 계약, 해외시장 계약 등을 추진해야 한다.

프로듀서는 프로그램의 적극적인 홍보의 책무도 갖는다. 큰 비용이 투입되는 미드는 광고 수익과 2차 시장에서의 가치를 높여야 하므로, 미드 프로듀서는 프로그램 홍보에 매우 열정적이다. 할리우드에서는 일반적인 프로그램 홍보 외에도 텔레비전 프로그램의 옥외광고가 마치 영화 광고포스터처럼 인구 밀집 지역에서 심심치 않게 등장한다.

✱ 미드 작업 공정에 따른 프로듀서의 업무 내용

아이디어 개발
- 아이디어를 쓰거나 발견하는 일. 인터넷, 신문, 책, 창작대본, 잡지 등 그 무엇이든지 소스가 될 수 있다. 아이디어를 발견하면 관련된 권리를 획득해야 한다.
- 프로젝트의 비용과 자금원을 계산한다.
- 아이디어를 기획안 수준으로 발전시킨다.
- 아이디어를 발전시키고, 파일럿 대본을 만들어나간다.
- 대략의 예산을 산정한다.
- 기획한 프로젝트를 가지고 네트워크나 고객의 흥미를 높이는 작업을 한다. 재정을 확보하는 일도 포함된다.
- 라이선스 요금이나 저작권 등 법률적인 측면을 협상하고 계약하고 감독을 고용한다. 본인이 직접 감독이 되기도 한다.
- 프로듀서들을 추가로 영역별로 고용하여 기획팀을 구성한다.

기획
- 대본과 트리트먼트(treatment) 등을 토대로 대략의 예산을 세운다.
- 적재적소에 인력이 배치되어 있는지, 자금원은 확보되어 있는지 점검한다.
- 대본과 제작 관련 자문을 계속 받는다.
- 라인 프로듀서, 감독, 로컬매니저, 캐스터 등을 고용하고 계약한다.
- 회계, 기록요원, 자문요원 등을 고용한다.
- 장소 섭외.
- 세트, 소품 등 협의, 자문을 받는다.
- 촬영 일정을 잡는다.
- 각종 협회, 협회비 등의 문제 해결을 본다.
- 최종예산을 결재한다.

촬영
- 프로듀서는 항상 무대에 있어야 하고, 전화 연락이 되어야 한다.

- 작가와 변동 사항에 대해 협의한다.
- 라인 프로듀서와 친밀하게 작업한다.
- 감독, 카메라 감독, 디자이너 등과 자주 회의한다.
- 감독, 편집자 등과 매일의 작업들을 점검한다.
- 미디어에 어떻게 노출되는지에 늘 관심을 기울여야 한다.
- 돈을 준비한다.

마감 작업

- 지면 편집안을 가지고 편집자와 논의한다.
- 편집실에서 편집본을 검토한다.
- 예산을 면밀히 검토해야 한다. 예산을 맞추어볼 수 있는 마지막 기회이다.
- 음악작업, 내레이션, 더빙, 믹싱 등을 관리한다.
- 마스터테이프에 서명한다.

배포

- 인보이스 결재.
- 법적 계약 등의 집행을 처리.
- 최종본을 프로덕션의 주요 인사에 배포.
- 광고프로모션 캠페인.
- 홍보용 특별 이벤트 등과 관련하여 네트워크 담당자들과 의논.
- 언론 보도를 위한 접촉.

할리우드의 프로듀서들

우리나라 시청자들은 텔레비전 드라마의 배우, 작가, 감독에 대해서는 관심을 갖지만, 프로듀서에 관심을 두는 이는 별로 없다. 우리나라 영화에서 감독과 프로듀서는 역할이 완전히 분화되어 있는 것과는 달리, 텔레비전 드라마 제작에서는 프로듀서와 감독이라는 용어가 혼용되고 있다. 우리나라 방송사의 프로듀서는 신입일 때는 조연출, 좀 지나서 프로그램을 맡으면 연출, 현역에서 물러나 관리자로 접어들면 프로듀서 혹은 책임 프로듀서의 업무를 맡게 되는 경향이 있다.

이와는 대조적으로 할리우드에서 프로듀서는 감독과는 전혀 다른 업무 영역을 가진다. 감독과 프로듀서를 겸업하는 이들도 많지만, 한 프로젝트에서 이 두 가지 일을 동시에 맡는 경우는 드물다. 앞서 보았듯이, 프로듀서의 업무를 감독 업무와 병행하기는 어렵다. 반면 제작 기간 동안 업무의 일부가 중복되는 창작자와 프로듀서를 동시에 맡는 경우는 많았다.

할리우드에서 프로듀서는 작품의 기획, 관리, 법적인 문제, 마케팅 등에 이르기까지 기본적 아이디어가 최종 작품에 관철되도록 조정하는 주요한 위치에 있다. 데이비드 푸트남은 "영화가 시작한 이래 프로듀서의 역할은 좀처럼 바뀌지 않았다. 극적으로 변한 것은 계약, 저작권 문제에서의 법적 문제가 복잡해진 것뿐이다. 그래서 프로듀서는 다른 많은 분야에서 일할 능력을 가져야 한다"[7]라고 쓴 바 있다.

프로듀서는 대단히 중요한 직책일 뿐 아니라, 흥행에 성공하면 부와 명성이 주어지기도 하는 자리이다. 어느 일에서나 다 그렇지만 이

---

[7] J. E. Squire(ed.), *The movie business book* (Berkshire, UK: Open University Press, 2006), p.15.

표 4.1 미국의 유명 프로듀서

프로듀서	주요 작품	출신 학교	전공	영화계 입문
스티븐 보치코	LA Law, NYPD 블루	카네기 기술학교	연극 대본	작가
제리 브룩하이머	CSI, 다크블루, 베버리힐스캅(F), 탑건(F), 캐리비언해적(F), 아마겟돈(F)	아리조나대	심리학	프로듀서
마크 체리	위기의 주부들	캘리포니아 주립대(플럴턴)	공연	배우 개인 비서, 작가
데이비드 체이스	소프라노스 난 날거야 (I'll fly away)	뉴욕대/ 스탠포드대	영화	스토리 에디터, 작가
알란 볼	트루 블러드	조지아대/ 플로리다 주립대	연극	코미디 작가
매튜 와이너	매드멘	USC	영화 (MFA)	코미디 작가, <소프라노스> 스태프 작가
숀다 라임스	그레이 아나토미	다트머스 칼리지/USC	영화 (MFA)	작가 보조감독
제프리 제이콥 에이브람스	로스트, 알리아스, 미션 임파서블 III (F), 스타트랙(F)	사라로렌스대		영화음악 작곡가, 작가
데이비드 쇼어	닥터 하우스	웨스턴온타리오대/토론토대	법학	제작 관련 변호사, 작가
데런 베네트 스타	베버리힐스90210, 멜로즈 플레이스, 섹스앤더시티	UCLA		작가, 프로듀서

주: (F)는 극장용 영화를 의미한다.

런 부와 명성은 모든 프로듀서에게 주어지는 것이 아니라, 극소수의 사람들만 누릴 수 있는 것이기는 하다.

할리우드의 미드 프로듀서는 어떤 사람들인가? 프로듀서 길드 (PGA)의 전무이사인 밴스 반 페텐(Vance Van Petten)은 "프로듀서는 창의적이고 분석적인 두뇌를 동시에 사용할 수 있는, 드문 부류의 사람들이다"라고 한 바 있다.[8] 프로듀서의 창의적이면서 조직적이고 분석적인 업무를 한마디로 정리한 말이다.

유명 미드 프로듀서들의 출신 대학과 전공을 살펴보면 관련 전공이 성공의 열쇠가 아님을 알 수 있지만, 아무래도 영화나 연극 등의 관련 전공자들이 많다. 할리우드는 로스앤젤레스에 소재한 USC, UCLA, AFI 등을 중심으로 시장을 지탱하는 든든한 교육시스템이 잘 갖추어져 있다. 이들 학교에서는 창작자로서의 교육뿐 아니라, 실전에 버금가는 상업영화의 장인이 되기 위한 훈련이 이루어지고 있다.

처음부터 프로듀서팀에서 일을 시작한 이들도 있지만 작가로 데뷔한 이들도 많다. 프로듀서들이 영화계에 데뷔하는 방식은 상당히 다채로워 정해진 경로가 있는 것으로 보이지는 않는다. 그럼에도 다수의 현역 프로듀서들은 스스로 아이디어를 내고, 스토리를 구성하고, 기획안을 만들며, 작가와 감독과 배우들과 작업을 하기 위해서 대본작가 출신이 유리한 점이 있다고 보았다.

<소프라노스>의 데이비드 체이스는 스토리 에디터 및 작가로, <위기의 주부들>의 마크 체리는 배우의 개인 비서와 작가 일을 하면

---

8 R. D. Valle, *The one-hour drama series* (Los Angeles, CA: Silman-James Press, 2008), p.32.

서 할리우드에 발을 들여놓았다. 데이비드 체이스는 <시카고 호프(Chicago Hope)>의 바바라 홀(Barbara Hall), <CSI>의 주커 등의 다른 많은 작가들로부터 칭찬의 수준을 넘어서 가장 존경받고 있는 창작자 중 한 명이다. 홀은 체이스와 함께 일하면서 체이스가 보여준 자신의 작품에 대한 두려움 없는 자세, 외부 의견과의 타협 없는 창작 활동 등에 존경을 표시했다. 다른 사람의 작품을 감독하면서 영화계에서 입지를 넓혀보라는 주위의 충고를 들을 때면, 체이스는 자신의 작품이 아니면 감독하지 않을 것이라는 뜻을 분명히 하곤 했다고 한다.[9]

<트루 블러드>[10]의 창작자이자 책임 프로듀서인 알란 볼(Alan Ball)은 샬레인 해리스의 원작소설 『어두워지면 일어나라(Dead Until Dark)』를 스토리로 채택하여 텔레비전 드라마로 기획하고 감독했다. 볼은 할리우드로 오기 전에 뉴욕에서 코미디 작가로 활동했고, 할리우드로 온 이후에는 영화감독으로 먼저 데뷔한 뒤, 영화와 텔레비전 드라마의 감독과 프로듀서를 하고 있다. <트루 블러드> 이전에 HBO에서 방영된 <식스 피트 언더(Six Feet Under)>의 창작자이자 책임 프로듀서를 했다. 특히 이 시리즈의 파일럿은 그의 드라마 감독 데뷔작이기도 했다.

9 J. L. Longworth, *TV creators*, pp.184~186.
10 HBO에서 방영된 <트루 블러드>는 제목이 풍기는 분위기처럼 뱀파이어 이야기로 2009년 현재 시즌2에 이르고 있고, 반응이 좋아 시즌이 계속 이어질 것으로 보인다. 다른 사람의 생각과 마음까지 들을 수 있는 능력을 가지고 있는 수키(Anna Paquinn 분)와 173살이나 먹은 뱀파이어인 빌 콤프튼(Stephehn Moyer 분) 등이 이 이야기의 중심을 이룬다.

프로듀서가 콘텐츠 생산 과정과 관련한 어느 한 분야의 전문가인 점은 프로듀서로서의 일을 수행하는 데 큰 힘이 되지만, 자신의 전공 분야 한 가지만으로는 성공하기 어렵다. 성공한 프로듀서는 말 그대로 멀티태스킹이 가능한 인물이어야 한다. 최근 성공한 텔레비전 드라마의 창작자 겸 프로듀서는 남성들이 많기는 하지만, 할리우드는 남성들만의 활동 무대는 결코 아니다.

참고로 ≪할리우드 리포터(Hollywood Reporter)≫에서 선정한 '2009년 할리우드 파워 여성100'을 보면, 주요 자리에 얼마나 많은 여성이 활동하고 있는지 알 수 있다. 디즈니 미디어 네트워크의 공동대표이자, 디즈니-ABC텔레비전 그룹 사장인 앤 스위니(Ann Sweeney), 하포(Harpo)를 운영하는 오프라 윈프리(Oprah Winfrey), CBS네트워크 텔레비전 엔터테인먼트 그룹 사장인 낸시 텔렘(Nancy Tellem), NBC 유니버설 케이블 엔터테인먼트 & 유니버설 케이블 프로덕션의 사장인 보니 해머(Bonnie Hammer), 유니버설 픽처스의 공동회장인 도나 랭글리(Donna Langley), 드림웍스 스튜디오의 공동회장 및 CEO인 스테이시 스나이더(Stacey Snider), 20세기 폭스 텔레비전 회장인 다나 월든(Dana Walden) 등 여성의 활약은 대단하다.

프로듀서는 아이디어의 기획에서부터 스태프와 캐스팅을 거쳐 촬영, 후반 작업, 마케팅, 배급에 이르는 일련의 작업 과정에서 수많은 난관에 부딪히게 된다. 유능한 프로듀서는 그런 난관이 없도록 일을 하는 사람이 아니라, 그런 난관을 직면할 때마다 슬기롭게 해결해내는 사람이다. 어차피 프로듀서란 위험을 합리적으로 수용하는 것이 일인 직업이다.

프로듀서는 위기에서도 가고자 하는 방향을 상실해서는 안 되며, 제작에 관계한 모든 사람, 투자자, 네트워크, 언론 등에 자신의 결정에 대한 확신을 심어주어야 한다. 그리고 갈등을 중재할 수 있어야 한다. 방향 설정, 결정에 대한 확신 부여, 갈등 중재, 문제 해결, 이런 것들을 모두 모아 한마디로 표현하자면 '리더십'이며, 이는 프로듀서가 가져야 할 덕목 중 하나이다.

할리우드에서 활동하는 영화 프로듀서인 마이클 본피글리오는 그의 글에서 "프로듀서로서의 성격이 어떠해야 한다고는 생각하지 않는다. 흔히들 프로듀서는 옷을 잘 입고, 말을 빨리 하고, 과대 포장하는 능력을 가지고 있다고들 한다. 그러나 그 무엇보다도 정직함이 가장 중요하다. 사람을 설득하는 것, 내가 원하는 것을 다른 사람이 수용하게끔 하는 일 등등 그 모든 것은 기본적인 윤리로부터 나온다"라고 쓰기도 했다. 프로듀서의 일이 수많은 인간관계를 중심으로 수행되어야 하기 때문에 인간적 신뢰감을 형성하는 것이 일의 출발임을 강조한 것으로 보인다. 감언이설과 눈속임으로는 단기적으로는 몰라도 많은 사람들과 오래도록 잘 지내기는 어려운 일이다.

프로듀서의 이야기를 마무리하면서, 제리 브룩하이머가 프로듀서로서의 직업적 긴장에 대해서 함축적으로 표현한 말을 함께 음미하고 싶다. "영화를 만들 때마다 나는 이것이 나의 마지막 영화가 될 것이라고 생각한다. 한 명의 관객도 보러 오지 않을 수 있다는 생각도 한다. 모든 것이 실패할지도 모른다는 생각도 항상 가지고 있다. 죽을 것 같이 무섭다." 할리우드에서 가장 성공한 프로듀서의 말이다.

5장 할리우드에서의 미드 작가 데뷔

대개의 작가들은 프로듀서의 비서, 작가 보조, 조감독, 클럽용 코미디 작가, 단역 배우 등의 경력이 있다. 프로듀서 혹은 영화나 드라마의 투자자가 궁극적으로 시청자가 원하는 바를 충분히 이해하기 위해서는 머리로만 되는 것이 아니라, 할리우드에서 발로 뛴 경험이 뒷받침되어야 하는 것이다.

복수형의 할리우드 '작가들'

언젠가 한 성공적인 작가는 "할리우드에서 작가는 항상 복수형 '작가들(writers)'이란 말로 사용되고 있는데, 거기에는 '나는 언제나 다른 작가들을 더 구할 수 있어'라는 의미가 내포되어 있다"라고 말한 적이 있다.[1]

할리우드의 미드 대본작가는 기획 작업부터 참여하기도 하고, 기획 직후부터 프로듀서로부터 대본 작업을 의뢰받아 시작하기도 한다. 대본은 실질적인 영상 제작 작업의 출발이 되므로, 영화나 드라마 작업에서 결정적으로 중요한 위치에 있다. 대본이 나오기 전에는 영화나 드라마가 몇 신으로 구성되는지, 촬영지는 어디인지, 촬영 일정이 얼마나 소요되는지, 출연진과 제작진의 구성은 어떻게 해야 하는지 등을 결정할 수 없다. 즉, 대본 없이는 그 프로젝트의 비용을 산출할 수 없다는 말이다. 대본과 예산 없이는 어떤 출발도 할 수 없다. 돈을 지불하는 자는 프로듀서나 작가가 아니라 스튜디오이다. 프로듀서와 작가의 아이디어에만 기초하여 돈을 지불하거나 지불 약속을 할 스튜디오는 없다.

파일럿이 제작되고 작품이 평가받은 후에 방송이 결정되면, 후속 에피소드의 작업을 위해서 스태프 작가들을(staff writers) 고용하게 된다. 물론 파일럿 작업에서도 창작자 외의 스태프 작가들이 고용될 수

---

1 D. Appleton & D. Yankelevits, *Hollywood dealmaking: Negotiating talent agreements* (New York: Allworth Press, 2002), p.36.

있다. 또 프로듀서가 원작 소설을 가지고 출발할 경우에는 파일럿 작업에서부터 작가팀을 운영할 수 있다. 미드의 에피소드당 1~3인 정도가 대본작가로 이름을 올리게 된다. 그뿐 아니라, 크레디트의 작가 페이지에 이름을 함께 올리지는 않지만 대본을 검토하고 윤색하는 작업을 맡는 이들이 고용될 수 있으며, 작가팀에 소속되어 자료를 취재하고 일을 보조하는 보조 작가들도 고용된다.

창작자가 대본을 직접 쓰는 경우에도 마찬가지로 여러 명의 작가들이 추가로 고용되어 대본 작업을 나누어 진행하거나 수정 작업에 참여하게 된다. 프로듀서가 소설을 선정한 다음 대본화 작업을 수행할 작가를 고용하는 경우도 한 명의 작가가 아닌 여러 명의 작가로 구성된 작가팀이 만들어진다. 어떤 경우에는 한 명의 작가가 고용되고, 그 작가가 추가로 여러 명의 작가들과 보조 작가들을 고용하기도 한다. 과정은 달라도 결과적으로 다수의 작가들이 한 프로젝트에 투입되기는 마찬가지다.

미드는 한 시즌당 10여 편에서 20여 편에 이르는 에피소드를 제작해야 하므로, 모든 에피소드를 한 작가가 쓰는 경우는 없다. 이는 편당 수백만 달러가 투입되는 작업의 공정으로는 가능하지 않다. 따라서 영화와는 달리 미드에서는 파일럿 대본을 쓴 창작자가 나머지 에피소드에서는 대본작가로서의 역할보다는 문자 그대로 창작자의 역할을 수행한다.

이에 비하면, 우리나라의 드라마 작가들은 참 대단하다. 언젠가 이금림 작가가 <집으로 가는 길>의 대본을 맡은 후에 한 인터뷰에서 "일일드라마만 아니었으면 했다"라는 말을 한 적이 있다.[2] 매일매일 써대야 하는 고충을 함축적으로 표현한 것으로 보인다.

이 책의 앞선 장에서 이미 이 역할을 두고 '쇼러너'라는 용어를 이야기한 적이 있다. 물론 일부 에피소드의 대본을 직접 작업하기도 하지만, 창작자에게는 모든 에피소드의 분위기를 일관되게 이끌어가고 드라마 취지에 부합하는 방향으로 제작하기 위해, 스토리를 관리하는 쇼러너의 역할이 더 중요하다.

예를 들면, 앤서니 주커는 <CSI>의 오리지널 스토리의 창작자이며, <CSI> 시리즈에서 다수의 에피소드 대본을 썼고, 공동 책임 프로듀서로 제작에 참여한다. 그래서 <CSI>의 서두에 "CSI: Crime Scene Investigation"이라는 제목이 뜨고 난 바로 다음 컷에 "Created by Anthony E. Zuiker"라고 커다란 크기의 크레디트가 뜬다. 그러고 나서 "Written by Anthony Zuiker", "Co-Executive Producer: Anthony Zuiker" 등도 나온다.

'Created by'는 'Screenplay'와는 다르다. 'Created by'는 최초 스토리의 창작을 누가 했는가를 밝히는 것으로, 이 이야기의 구성, 주인공의 캐릭터, 관계, 스토리 전개 방식 등 기본적인 골격을 누가 창작했는가를 보여준다. 파일럿 프로그램의 작가 이름이 여기에 들어갈 가능성이 높다.

실제로 주커는 시즌1, 시즌2, 시즌3, 시즌4까지는 상당수의 에피소드에서 직접 대본 작업을 하기도 했지만, 시즌5부터는 대본 작업을 직접 하는 경우는 거의 없었다. 주커는 브룩하이머 프로덕션과 함께 일

2 이효선, 「3년만의 귀환, 작가 이금림」, 《방송작가》 34호(2009), 8쪽.

하는 책임 프로듀서의 한 명으로 <CSI> 작업에 참여하고 있다. 길 반장으로 잘 알려진 윌리엄 페터슨은 2000년 <CSI>의 파일럿을 제작할 당시 프로듀서로, 주연 배우로 활약했으며 영화 <CSI>에서도 주연을 맡았다. <CSI>는 제리 브룩하이머 필름과 CBS프로덕션이 제작하여, CBS에서 2000년 10월 방송을 시작하여, 2009년 현재 시즌10을 준비 중이다. 시즌9의 제10화에서 길 그리섬 역을 맡아온 윌리엄 페터슨이 <CSI> 영화 버전의 기획과 출연을 준비하면서 빠지고, 로렌스 피쉬번이 반장 자리를 대신하게 되었다.

대본 없이 영화가 출발할 수 없음에도, 할리우드 미드 산업의 시스템 속에서 대본작가는 스타나 감독에 비해서 주목을 덜 받아왔으며, 심지어 프로듀서들은 작가를 대체 가능한 존재로 보는 경향이 있었다. 물론 할리우드에서 대체 가능하지 않은 것은 없다. 감독이건 스타건 모두 대체 가능하다. 우리는 간혹 시장에서 성공한 완성작을 두고 다른 누가 이보다 이 일을 더 잘해낼 수 있었을까라고 극찬하기도 하지만, 그 말을 곧이곧대로 믿을 수는 없다. 다른 작가와 다른 감독 혹은 다른 감독과 다른 스타가 만났을 때 결과물의 느낌은 달라지겠지만, 어느 것이 반드시 더 낫다고 누군가가 단언할 수 있는 일은 아니다.

미드의 생산에서 작가가 대체 가능한 존재라는 말은 작가가 되고자 하는 사람들이 많다는 말도 된다. 작가의 공급이 적었다면 대체 가능한 존재라는 말이 나오지도 않았을 것이다. 프로듀서와 감독 중에서도 대본작가로 영화계에 발을 들여놓은 사람들이 많다. 마크 체리(위기의 주부들), 데이비드 체이스(소프라노스), 알란 볼(트루 블러드), 숀다 라임스(그레이 아나토미), 데런 스타(베버리힐스90210, 멜로즈 플레이스) 등의 프로듀서들도 작가 일을 하면서 영화계에 발을 들여놓았다. 좀 과장해서 말하자면, 할리우드의 커피숍에 앉아 있는 이들에게 영화나 드라마 대본을 써본 적이 있냐고 물어보면 대부분이 끄덕끄덕할 정도이다.

더 플레이어

할리우드의 프로듀서들은 접수된 수많은 시나리오 더미 속에서 지내고 있지만, 그중에서 제작되고 극장 스크린이나 텔레비전에 오르는 시나리오는 극소수이다. 필자가 대학에서 '콘텐츠 산업과 정책'을 강의하면서 학생들에게 꼭 보고 오라는 영화가 한 편 있는데, 그것은 바로 로버트 알트만이 감독하고 팀 로빈스, 그레타 스카키, 줄리아 로버츠 등이 주연한 1992년 작 <플레이어(The Player)>이다. 이 영화를 보면, 할리우드 창작 시나리오 시장에서의 경쟁이 얼마나 치열하고 처절하기까지 한가를 간접적으로나마 알 수 있다. 프로듀서는 수많은 시나리오 작가들과의 미팅, 그들이 들이민 원고 더미 속에서 살고 있고, 어떤 원고들은 프로듀서의 손에 닿지도 않은 채 원고 뭉치들 사이에 끼여 있다. 어쩌다가 시간이 나서 프로듀서가 원고를 펼쳐 보더라도 눈이 번쩍 뜨이기 전에는 시놉시스에서 더 넘어가지 않는다.

이 영화의 도입부 장면은 스튜디오 내의 프로듀서 사무실을 창밖에서 비추면서, 그들이 작가나 감독과 나누는 대화를 스케치하고 있다.

사진 5.1 스튜디오 내의 프로덕션 관련 오피스 ⓒ임정수

작가들은 프로듀서에게 자신이 가져온 스토리를 한마디라도 더 설명하려고 애쓰며, 프로듀서는 비아냥거리는 투로 작가가 제안한 스토리의 장점을 어필해보라고 다그친다. 그러는 사이에 비서가 들어와서 계속 대화를 끊으면서 다른 일들을 전달한다. 작가는 짜증이 나지만 할 수 없이 그런 분위기 속에서 대화를 조금이라도 더 나누려고 한다.

어느 작가로부터 협박성 엽서를 계속 받던 프로듀서 그리핀 밀은 의심이 가는 한 작가를 찾아간다. 그 작가는 밀이 자신의 대본을 검토하겠다고 해놓고서는 그 후로 연락을 주지 않았다고 화를 낸다. 프로듀서는 당신이 얼마나 화가 나 있는지 이해하며 그것은 자신의 직업적 특성 때문이니 미안하다고 한다. 작가는 프로듀서를 할리우드 동쪽 파사

데나 시에 있는 일본 주점으로 데리고 가 함께 술을 마신다. 작가가 일본에서의 유학 경험이 있다고 이야기하자, 프로듀서는 건성으로 들으면서 그런 이야기를 꼭 대본으로 써보라고 작가에게 권한다. 작가는 자신이 이미 그것을 썼다고 하면서, 자신이 전에 보낸 대본이 바로 그 대본이었다고 한다. 당황한 프로듀서는 사과하면서 그에게 기회를 한 번 주겠다고 다시 제안한다. 그러나 그 순간에도 단서를 붙인다. "그것이 꼭 영화화된다는 보장은 없지만 기회는 한 번 주겠다"고. 많이 속아본 작가는 대충 난처한 상황을 수습하려는 프로듀서에게 절대로 용서하지 않겠다고 화를 내면서 밖으로 나간다.

　　주차장에서 다시 만난 작가는 밀이 라이벌인 다른 프로듀서에게 메인 프로듀서 자리를 빼앗기게 된 사실을 가지고 그를 조롱한다. "지금 이 멍청이가 파사데나까지 쫓아와서 작가한테 주차장에서 계약을 하자는군." 설득이 더 이상 먹히지 않음을 눈치 챈 프로듀서 밀은 "그렇다면 더 이상 내게 그 협박성 엽서를 보내지 마"라고 소리친다. 작가는 맞받아 소리친다. "난 대본을 쓰지, 엽서를 쓰지는 않아." 프로듀서에 대한 작가의 조롱은 이어진다. "난 글이라도 쓰지, 넌 해고되면 뭐 할래?" 프로듀서와 작가의 직업적 관계를 집약적으로 보여주는 장면이다.

무빙 투 LA(Moving to LA)

　　기성 작가들이 프로젝트 참여를 계약하는 것도 간단한 일은 아니지만, 신인이 이 세계에 발을 들여놓기 위해서는 참으로 어려운 관문들을 거쳐야 한다. 누군가는 작품 하나로 하루아침에 스타작가로 급부상한 듯이 보이지만, 실제로 그런 일은 거의 없다고 봐야 한다. 더군다나 작가를 꿈꾸며 할리우드로 온 작가 지망생이라면 애초에 그런 허황된 꿈은 버리고 시작해야 한다. 대개의 작가들은 프로듀서의 비서, 작가 보조, 조감독, 클럽용 코미디 작가, 단역 배우 등의 경력이 있다. 프로듀서 혹은 영화나 드라마의 투자자가 궁극적으로 시청자가 원하는 바를 충분히 이해하기 위해서는 머리로만 되는 것이 아니라, 할리우드에서 발로 뛴 경험이 뒷받침되어야 하는 것이다.

이 일을 하고자 하는 사람들은 많은데, 어떻게 할리우드에서 작가로서 데뷔할 수 있을까? 미드의 작가로 데뷔하는 방법은 딱히 정해진 한두 가지 경로가 있는 것은 아니지만, 많은 작가들이 데뷔한 사례를 보면 다음 몇 가지 정도가 주를 이룬다.

첫째는 프로듀서에게 자신의 창작품이나 스펙대본을 우편으로 보내 긍정적인 대답을 듣고, 대본 작업에 들어가는 경우이다. 많은 이들이 꿈꾸는 데뷔이기는 하지만, 무명의 작가가 보낸 시놉시스나 대본을 면밀히 들여다볼 만큼 프로듀서는 한가하지 않다. 한가한 프로듀서라면 그 대본을 읽어준다고 한들 영화나 드라마 제작에 이르기는 어렵다. 이런 식의 매끄러운 데뷔가 얼마나 어려운지는 이미 영화 <플레이어>를 언급하면서 이야기했다.

둘째는 창작품이나 스펙대본을 에이전트에 보내 긍정적인 답을 얻으면 에이전트와 계약을 체결하여, 에이전트가 계약하는 프로젝트에서 능력에 따라 다른 역할(대본 작업에서부터 교정 및 작가 보조 업무 등)을 맡으면서 스태프작가로 작가 생활을 시작하는 경우이다. 그러나 자신의 오리지널 작품을 세상에 내놓기까지는 또 다른 노력과 세월을 쏟아부어야 한다. 물론 어떤 경우든지 간에 작가 후보에서 작가로 변신하여 본격적인 활동을 시작하게 되면, 할리우드에서 에이전트를 통하지 않고서는 활동하기 어렵다. 업계 접촉, 계약 관계, 법률적인 문제 등을 전문적으로 다루어주는 에이전트 없이 직접 모든 일을 하고자 한다면, 글을 쓸 시간이 사라지고 말 것이다. 1920년대와 1930년대 미국 영화의 전성기에 할리우드의 메이저 영화사들은 스튜디오 전속 작가를 직접 고용했지만, 요즘에는 일반적으로 그렇게 하지 않는다.

셋째는 유명 작가나 프로듀서의 비서나 보조원 역할을 하면서 점차 자신의 역할의 폭을 넓혀나가는 것이다. 누구나 자신의 역할을 넓힐 수 있는 것은 아니다. 그런 꿈을 꾸며 그 자리에 있는 수많은 작가 지망생들이나 프로듀서 지망생들 중 세상에 이름을 내는 이는 제한적이다. 하지만 보석은 어디에 두어도 반짝거리기 마련이다.

넷째는 방송과 영화 대본작가 신인상을 수상하거나 프로덕션에서 제공하는 작가 워크숍 등에 선발되어 훈련받고 현업에 발탁되는 경우이다. 로스앤젤레스와 버뱅크를 중심으로 한 미국 영상산업은 신인들을 육성하는 재정적 지원, 수상, 교육 프로그램 등을 풍부하게 마련하고 있다. 여기서 실력을 보여주는 이들은 에이전트나 스튜디오와 계약을 체결하고 스태프작가로서의 길에 들어설 수 있다.

일단 작가로서 일을 시작하게 되면, 로스앤젤레스가 아닌 지역에

사진 5.2 로스앤젤레스의 할리우드 길 ⓒ 임정수
주: 영화의 중심은 로스앤젤레스 근교로 많이 이동했지만, 할리우드 길은 여전히 영화산업의 상징적 명성을 유지하고 있다.
자료: http://blog.naver.com/whotalks

사는 이들은 로스앤젤레스나 그 인근 도시로 이사를 한다. 인터넷이 발달되어 있고, 계약 관계는 에이전트에서 맡아서 처리해주는 요즈음에 스튜디오와 멀리 떨어진 도시에서 대본 작업을 하는 것이 전혀 불가능하지도 않지만, 직업 작가로서의 일자리를 잡은 이들은 일단 이사를 하고 본다.

전화통화, 이메일, 화상회의 등도 가능하지만, 이런 작업을 할 때 직접 만나서 대화를 나누는 것을 대체할 방법은 없다. 프로듀서는 수시로 작가의 작업실에 드나들면서 작업의 상황을 확인하고, 새로 떠오른 아이디어에 대해 얼굴을 보면서 빠른 속도의 대화를 나누고자 한다. 실제로 대부분의 할리우드 프로듀서들은 말을 할 때 정확한 발음을 하면서도 상당히 빨리 말한다. 그리고 상대방의 말꼬리를 잡으면서 더 정확히 설명하고 묘사해 달라고 다그치는 버릇이 있다. 작가들은 그런 프로듀서와 작업하기 위해서 롱아일랜드나 버지니아에 거주하기보다는 지척에 자리를 잡고 있어야 편리하다. 중부, 남부, 동부에서 원고만 마감까지 보내주겠다고 하면, 프로듀서 입장에서는 이 사람이 영화나 드라마에 열정이 없다고 생각할 수밖에 없다. 어느 업계건 간에 처음부터 오만한 자를 살려두지 않는다. 더군다나 할리우드는 그다지 관용이 많은 곳이 아니다.

✴ 할리우드의 신인 작가 발굴 프로그램

Don & Gee Nichol Fellowship in Screenwriting

영화예술과 과학 아카데미 기금은 매년 5명의 신인 작가에게 각각 2만 달러 상금을 준다. 신인 작가란 영화나 방송화된 작품을 가지고 있지 않은 작가를 말한다.

Academy of Television Arts & Sciences

Academy of Television Arts & Sciences는 TV 작가 학생 인턴십 프로그램을 운영한다. 인턴십 프로그램에 참여하기 위해 대학생들은 코미디나 드라마 오프닝신과 스펙대본(spec script)을 제출해야 한다. 합격한 학생들은 텔레비전업계에 자신을 노출시킬 수 있는 기회를 얻게 된다. 스펙대본은 기존 프로그램의 한 에피소드를 가상으로 쓴 대본을 의미하며, 작가들은 그것을 자신의 창작 능력을 알리는 샘플로 사용한다. 스펙대본의 경우 대개는 기본적 아이디어가 자신의 것에서 출발한 것이 아니기 때문에 팔 수는 없으며, 이렇게 제출된 스펙대본에 대해서는 검토자가 지불하지도 않는다. 스펙대본은 디자이너들의 포트폴리오와 같다. 그러나 스튜디오에 고용된 작가가 수련을 위해 스펙대본 작업을 하는 경우는 스튜디오로부터 최소의 고정적인 보수라도 받을 것을 WGA(미국 작가길드)는 규정하고 있다.

The Chesterfield Film Company-Writer Film Project

이 프로그램은 The Chesterfield Film Company와 유니버설 스튜디오가 공동 후원하는 프로그램이다. 2만 달러가 지원되고, 멘토가 배정되어 두 개의 대본 작업에 참여하게 되며, 전문가들로부터 평가받을 수 있다. 지원 원고는 3~4개 이하의 문장으로 구성된 요약을 포함해야 한다.

The Walt Disney Studios Fellowship

월트 디즈니사는 10~15명의 문화적·인종적으로 다양한 작가들에게 3만 달러를 지원한다. 방송물의 경우는 30분짜리 코미디물의 스펙대본을 제출해야 한다.

Sundance Institute

선댄스 재단은 대본 작업과 프로덕션 보조 프로그램을 하나의 분과로 묶어서 독립영화의 제작을 지원한다. 선발된 작가 후보자들은 전문 작가들의 조언하에서 5일간 작업을 지도받는다.

Warner Bros. Writer's Workshop

로스앤젤레스에서 열리는 코미디작가 워크숍을 통해서 10~15인의 신인 작가들을 발굴하고 10주간 훈련이 진행된다. 30분짜리 스펙대본의 검토를 통해 선발한다. 여기에 선발된 작가 후보자들은 워크숍이 끝난 뒤에 업계로 바로 진출하는 경우가 많다.

그 밖에도 영화 관련 기관과 대학들이 공동 후원하는 The Nate Monaster Memorial Writing Competition—UBU & UFVA이나 UFVA Lee Rich Screen Writing Award 등의 작가 지원 프로그램이 있다.

작가의 평가

프로듀서가 대본작가의 가치를 평가하는 가장 일반적인 방법에는 그 작가가 쓴 창작대본을 읽어보고 평가하는 방법, 스펙대본을 평가하는 방법, 그 작가의 기존 작품들의 성과를 평가하는 방법 등이 있다.

스펙대본은 주로 기존 작품의 한 에피소드를 쓴 것이거나 자신의 창작대본 샘플인데, 작가 평가용으로 활용되는 대본을 말한다. 예를 들면, <CSI>의 에피소드 한 편을 써서 평가를 받는 것이라고 할 수 있다. 실제 투입될 드라마의 스펙대본이 요구되기도 하지만, 작가적 역량을 보기 위해 코미디물이 요구되기도 한다. 어떤 미드 시리즈를 제작하기로 결정하면서 작가팀을 구성할 때 스펙대본에 기초해서 작가들을 고용하는 일이 많다.

기존 작품에서의 성과는 무엇보다 정확한 평가 기준으로, 작가가 미래에 받게 될 보수 및 관련 협상력 등과 직접적인 관계가 있다. 그러나 기성 작가의 평가에는 유용하지만, 기존 작품이 없는 신인 작가의 발굴을 위해서 활용되기는 어렵다. 창작대본이 아무리 뛰어나 보여도 불확실성이 높은 영상 콘텐츠 시장에서 반드시 성공한다는 보장은 없다. 스튜디오는 신인 작가의 대본이 아무리 기대되는 작품이라도 많은 보수를 미리 약속하지는 않을 것이다. 한편, 일정 수준 이상의 빅히트를 지속적으로 유지해준 작가에 대해서는 스튜디오가 그 작가가 갖고 있는 영화시장에 대한 감각과 명성을 신뢰하는 의미에서 높은 보수를 지급하고서라도 계약을 맺으려고 할 것이다. 작가가 명성을 가지고 있어야 스타 캐스팅이 유리해진다. 한 해에 제작된 다수의 작품들 중에서 주목받은 주요 작품들의 주연들은 최소한 아카데미상이나 에미상의 남녀주연상, 남녀조연상 등의 후보에 오르기 마련이다.

이는 무엇을 의미하는가? 적어도 할리우드에서 첫 데뷔작품에서 흥행 실패를 맞본 작가는 재기가 거의 불가능하다는 것이다. 시나리오 원고가 산더미처럼 쌓여 있는 사무실에서 한 번 실패한 작가의 다른 원고를 열중해서 읽어줄 프로듀서는 없다고 봐야 한다.

작가길드와 계약

작가가 일단 프로젝트에 참여하기로 결정하면 계약에 대해서 프로듀서와 논의해야 한다. 여기서부터는 대본 원고를 들고 찾아다니던 것과는 판이하게 다른 새로운 세계가 시작된다. 어설프게 계약에 임했다가는 수개월 혹은 수년 내로 화병을 얻거나 소송에 휘말리게 된다. 개인으로서의 작가는 프로듀서로 대표되는 스튜디오 조직과의 계약을 수행함에서 힘의 균형을 잃은 약자가 된다. 이를 극복하기 위해서 작가들은 에이전시와 손을 잡고 법률적 문제를 대행케 하기도 한다. 더 근본적으로 이 문제를 해결하기 위해서 WGA는 작가의 계약 조건에 대해 최소한의 수준을 제시하고 있다.

스튜디오와 WGA 회원 작가와의 계약은 WGA가 스튜디오에 작가를 대여하는 형태를 띠며, 스튜디오와 WGA 간의 계약 형식으로 이루어진다. 비회원 작가의 경우도 WGA 규정을 준수하는 수준에서 계약을 하는 것이 관행으로 되어 있다. 그렇게 함으로써 WGA는 회원 작가들의 계약 조건을 WGA가 정한 최소 수준 이상을 유지하도록 보장하며, 스튜디오가 작가에 불리한 계약을 강요하지 못하도록 하고 있다. 스튜디오와 작가와의 계약이 WGA가 정한 기준을 충족시키지 못하는 내용을 포함하고 있을 시에는, 스튜디오와 WGA의 협의 사항이 항상 우선하므로 작가에 불리한 계약 조건은 무효가 될 수 있다.

작가들의 계약에는 기본적인 고정보수, 보너스, 수익 배분, 작업 기간 등의 조건뿐 아니라, 변호사나 에이전트 없이는 일일이 내용 파악도 쉽지 않을 많은 조항들을 포함하고 있다. 대표적인 것들을 몇 가지만 살펴보겠다.

고정보수(up-front fee)에 관한 조항이 작가와의 계약에 포함된다. 대본 작업에 대한 대가로 영화의 흥행과는 관계없이 스튜디오는 작가에게 계약한 금액을 지불해야 한다. 글을 썼으면 돈을 받아야 한다.

WGA는 네트워크 프라임타임 기준으로 60분짜리 스토리에 1만 3,048달러, 대본 작업에 2만 1,513달러를, 스토리와 대본을 한 사람이 모두 작업하는 경우에는 3만 2,700달러를 최저액으로 설정하고 있다. 성공적인 작품 경력을 가진 소수의 작가들은 WGA 최저액을 훨씬 뛰어넘는 액수로 계약을 하기도 한다. 제작 예산이 큰 작품과 관련해서 작가들이 더 많은 보수를 요구할 여지가 커지며, 예산이 제한적일 경우에는 보수의 협상에서도 그만큼 압박을 받을 수밖에 없다.

스토리를 제출하면 약속된 보수의 30퍼센트를 지급하고, 초고를 제출하면 40퍼센트를 지급하며, 최종본을 제출하면 나머지 30퍼센트를 지급하는 것을 일반적인 조건으로 정하고 있다. 그러나 스토리와 초고를 제출한 시점에 WGA 최저임금의 90퍼센트 이상의 금액은 지급해야 한다고 규정했다. 즉, 최저임금으로 계약하게 되면 초고 제출 후에 90퍼센트 임금을 수령하게 되며, 최저임금을 훨씬 넘어선 보수를 계약하면 초고 제출 후에 70퍼센트를 수령한다는 뜻이다.

스토리 창작을 하지 않고 대본 작업만 하는 경우에는 초고 제출 후에 약속된 임금의 60퍼센트 혹은 최저임금 90퍼센트 중 더 큰 금액 쪽에 해당하는 보수를 지급해야 하도록 규정하고 있다. 이런 규정들은 90분을 넘지 않는 프로그램에 해당되고, 90분을 초과하는 텔레비전 영화의 기준은 별도로 정해져 있다.

제작이 완료된 후에 받는 고정된 금액의 보너스인 프로그램 요금(program fee)과 관련된 조항이 WGA의 규정에 포함되어 있다. 60분 기준으로 볼 때, 1,137달러가 최저 프로그램 요금이다. 3명의 작가가 참여하면 그 금액에 3배를 곱한 금액이 지급된다. 그러나 작가가 더 많더라도 3배 이상이 지급되지는 않는다. 프로그램 요금은 참여한 작가들이 대체로 동등하게 나누지만, 작가들 간에 재분배를 해야 하는 상황이 되면 제1작가가 50퍼센트를 갖고 나머지 작가들이 50퍼센트를 가지고 나누어 가질 수도 있다.[3]

다음으로는 보너스에 대한 조항이 포함된다. 할리우드 작가들은

---

[3] 2009년 5월 2일부터 2010년 5월 1일까지 적용되는 기준. 상세한 내용은 www.wga.org 참조.

대개 순수익 대비 5퍼센트 정도의 보너스를 기대한다. 작가의 수익 지분은 프로듀서의 수익으로부터 지불되는데, 프로듀서는 순수익의 50퍼센트를 받는다(물론 계약에 따라 달라질 수 있으며, 프로듀서는 이보다 더 많이 받기도 하다). 즉, 작가가 순수익에서 5퍼센트의 수익 배분을 받는다는 말은 프로듀서 지분의 10퍼센트를 받게 되는 것을 의미한다. 이와 같이 작가의 순수익 배당은 프로듀서의 지분으로부터 나가기 때문에 정확히 말하자면 프로듀서가 받은 순수익 배당액의 몇 퍼센트라고 해야 되지만, 수치의 혼선을 막기 위해서 대체로 순수익의 몇 퍼센트로 표시한다.

　　　　프로듀서가 순수익의 50퍼센트를 배분받는다면, 프로젝트를 히트시킨 프로듀서는 엄청난 부자의 반열에 오를 것으로 생각되는데 항상 그렇지는 않다. 할리우드에서 미드는 고사하고 영화조차도 순수익이 발생하는 경우를 한 해 제작된 작품의 5퍼센트 안팎으로 보고 있다. 놀라운 일이다. 이 책에서 가끔 등장한 이야기인데, 이는 할리우드의 마법에 가까운 독특한 회계 처리 방식 때문이다(이 장의 뒷부분에서 자세히 다루겠다). 또 순수익이 발생한다고 해도 프로듀서가 배분받은 수익 지분은 완전히 프로듀서의 소유로 들어가는 것이 아니라, 프로듀서와 계약을 맺은 여러 분야의 많은 사람들과 2차 수익 배분이 이루어지기 때문에 최종적으로 프로듀서의 손에 떨어지는 돈은 전체 순수익의 10퍼센트 정도로 볼 수 있다. 바로 앞에서 말했던 것처럼 프로듀서는 작가, 원작자, 감독 등과 순수익 배분에 대한 계약을 해야 하므로, 프로듀서의 순수익 지분은 순수익 지분 계약을 한 이들의 수입도 포함한다.

이렇게 벌어들인 기본 보수, 프로그램 요금, 보너스 등의 수입이 모두 작가의 것이 되지는 않으며, 작가가 소속된 에이전시가 10퍼센트의 수수료를 떼고, 매니저가 15~25퍼센트를 받아간다. 변호사를 별도로 두면 변호사가 5퍼센트 정도 챙겨 간다. 각기 다른 재능을 가지고 분업을 하면서 그에 따른 수익 배분이 이루어지고 있어서, 할리우드의 세계를 들여다볼수록 대단히 복잡하다는 생각이 든다.

스튜디오는 작가와 계약을 할 때 단일 작품 하나에 대해서만 계약을 하기보다는 창작품뿐 아니라 몇 편의 각색 및 윤색 작업을 포함하는 계약을 하고자 하며, 대개는 그러한 방식으로 계약이 체결된다. 작가 입장에서는 각각의 작업에 대해서 별도의 계약을 하는 것이 유리하겠지만, 스튜디오와의 협상에서 우위에 있지 않는 작가들이 그러한 의지를 계약에 관철시키기는 어렵다. 그렇지만 메이저나 준메이저급 스튜디오와의 계약에서는 WGA 규정을 따르는 범위 내에서 이루어진다.

드라마의 2차적 사용을 위한 조건도 짚고 넘어가야 한다. 이는 최근 대단히 민감한 사안들 중의 하나로, 과거의 작가들이 이를 간과하여 두루뭉술하게 협상을 해두어서 문제가 되고 있다. 드라마의 온라인 혹은 모바일 게임화, 인터넷 VOD 유통이 활발해지고, 그로 인한 수입 규모가 커지면서 작가들은 이 부분으로부터의 수입이 작가에게 정당하게 배분되지 않음을 항의했다. 이 쟁점을 두고 2007년 말부터 2008년 초에 걸쳐 일어났던 할리우드 작가파업이 부분적으로는 성과가 있었지만, 이 문제는 계속 쟁점으로 남아 있다.

이 밖에도 작가들은 취재차 여행이 빈번할 수밖에 없어, 여행비를 작업 경비로 예산에 포함시키고 있다. WGA는 작가가 취재차 여행할 때 일등석을 제공해줄 것을 스튜디오에 요구하고 있는데, 이는 작가의 경력, 영향력 등에 따라서 프로듀서와 협상을 해야 할 사안이다. 사안별로 실비 처리하는 경우도 있지만, 평균적인 경비 지출을 감안하여 일정액의 활동 경비를 고정적으로 지급하는 경우도 있다. 유명 작가들은 여행에 비서가 동반하기를 원하며, 이에 대한 비용을 프로듀서가 별도의 예산으로 책정해주기를 요구하기도 하는데, 이런 특별한 사안들은 규정에 따르는 것이 아니라 프로듀서와 작가 양자 간의 계약에 달려 있다.

단계적 거래

프로듀서가 작가를 선정할 때에는 늘 위험이 따르지만, 특히 신인 작가와 계약하는 일은 더 큰 위험을 안고 있다. 이 위험을 줄이는 합리적 방안으로 프로듀서들은 단계적 거래를 추진한다. 스토리 기획안 작업, 초고, 수정 작업 등으로 단계를 나누어, 각 단계의 완성 시기에 돈을 나누어 지불하는 방법이다. 의뢰가 이루어진 후 초고 작업을 위해 3~4주 정도가 작가에게 주어지고, 프로듀서가 기획안이나 초고를 읽고 검토할 시간은 2주 정도 걸린다. 이렇게 수차례 반복적인 검토의 시간을 거치면서 완성작에 이른다. 시즌 첫 에피소드의 경우는 초고가 8~12주 정도 걸리기도 한다.

작가들의 작업 과정은 사례별로 미세하게 다를 수 있겠지만, 대체로는 다음의 순서를 거치기 마련이다. 먼저 스토리의 개요를 짜고, 추구하는 바를 명확히 하는 작업을 한다. 그런 다음 트리트먼트를 통해서 스토리를 요약하는 형식으로 정리한다. 대본의 초고를 완성하여 프로듀서와 계약이 이루어지면 기획 의도에 맞게 다시 쓰기 작업을 한다. 감독이 선임된 다음에도 유사한 작업을 한다. 그런 다음 대본이 거의 확정되면 마지막으로 원고를 윤색한다. 그 후에도 대본의 수정은 촬영장에서의 여러 가지 돌발적인 상황으로 인해 일어날 수 있다. 위의 내용을 정리하면 다음과 같다.

아이디어 개요(Outline) → 대본 요약(Treatment) → 초고(First draft) → 수정(Rewrite) → 윤색(Polish)

트리트먼트는 대본보다 짧은 스토리나 아이디어를 정리한 요약본이다. 트리트먼트는 대개 대본 형식으로 쓰여 있지 않고 이야기의 전체 윤곽을 보여주기 위해 내러티브 버전으로 써진다. 트리트먼트의 분량은 일정하지 않다. 스토리, 구성, 주요 캐릭터의 설명, 로케이션에 대한 묘사, 대사의 샘플 등을 포함하면, 1시간짜리 방송 드라마의 경우 대략 5쪽이 넘어가고 아무리 길어도 20쪽을 넘기지는 않는다. 전체 대본이 60~80쪽인 것을 감안한다면 10쪽이 넘는 트리트먼트를 검토용으로 제시하는 것은 지나치게 긴 분량이다. 영화의 경우는 러닝타임이 1.5배 내지 2배 이상 길기 때문에 트리트먼트도 좀 더 길어 10쪽 내지 40쪽 정도에 이르기도 한다. 영화의 경우 극의 장르에 따라서 차이가 많이 나지만, 최종 대본의 전체 분량이 대개 130쪽 안팎이니 트리트먼트는 그에 따라 좀 늘어나기도 한다. 그래도 30쪽이 넘는 트리트먼트는 다소 지나친 감이 있다. 트리트먼트를 작성하면 전반적인 스토리 윤곽을 살펴볼 수 있고, 스토리의 문제점을 파악하고 자문단으로부터 구성을 보완할 방안에 대한 조언을 구할 수 있다.

    단계적 거래 방식을 채택할 때에 프로듀서가 기획안을 보고 마음에 들지 않는다면 그 작가를 고용할 의무는 없다. 매 단계에서 계약의 성사는 프로듀서와 작가 쌍방의 합의에 따르므로, 양자 중 누구든지 거절할 수 있다. 작가가 써서 보내온 원고에 프로듀서가 만족하지 않을 때에도 작가에게 돈을 지불해야 한다. 물론 수정을 요구할 수 있으며, 감독이 선임된 다음에 감독과 함께 원고의 수정 작업을 해야 하는데, 이는 계약서상에 명시된다. 프로듀서가 원고에 만족하지 않는다고 계약서에 명시된 보수보다 적게 지불할 수는 없다. 이는 작가들을 보호할 목적으로 정해진 WGA의 업계 협약 사항이므로 위반할 수 없다. 단, 수정으로도 만족스러운 수준에 도달할 수 없는 원고를 받게 된다면, 프로듀서는 요구된 작업이 완성되어 프로듀서에게 전달되지 않은 것으로 간주해서 지불을 거부할 수 있다. 이 또한 WGA의 협약에 준해서 이루어져야 한다. 그러나 실제로 이런 일이 발생할 경우에 자신이 쓴 원고가 쓸모없는 쓰레기라는 것을 순순히 인정할 작가는 없을 것이고, 결국 법적인 분쟁이 발생하지 않을 수 없다. 그런 작가를 고용한 프로듀서의 안목에도 심각한 문제가 있기 때문에 그 프로젝트가 성공하기 힘들 공산이 크다.

할리우드 회계

　　할리우드 회계에 대해 앞서 몇 차례 언급했는데, 이제 정리를 하고 넘어갈 때인 것 같다. 할리우드 회계라는 말이 있을 정도로 할리우드의 수익 배분 과정은 복잡하고 투명하지 않다. 표면적으로 볼 때는 무엇의 몇 퍼센트, 또 누가 받는 지분의 몇 퍼센트와 같은 형태로 계약을 작성하기 때문에 명료해 보이지만 실상은 좀 다르다. '도대체 무엇의 몇 퍼센트냐'는 문제가 발생한다. 총수입이 아니고 순수익의 몇 퍼센트로 참여 지분을 갖는 이들의 범위와 지분을 정한다. 때로는 빅스타들의 경우 총수입의 몇 퍼센트를 요구하기도 한다. 그런데 그 순수익의 책정 방식이 생각만큼 투명하지 않다. 순수익이라 함은 총수입에서 제작비용, 배급비용, 투자자 배당, 오버헤드, 세금 등을 공제한 나머지를 말한다. 스튜디오가 비용으로 공제하는 항목 중에는 스튜디오의 수입이 될 수 있는 항목들도 포함된다.

　　특히 오버헤드는 거의 눈먼 돈처럼 스튜디오가 먹어버린다. 제작 오버헤드, 배급 오버헤드, 마케팅 오버헤드 등의 명목으로 공제한다. 오버헤드는 스튜디오가 가진 장비와 시설과 인력 사용에 대한 고정비용을 보상받기 위해 공제하는 돈으로 볼 수 있다. 미드의 경우에 오버헤드는 8~10퍼센트 수준이다. 영화의 경우에는 제작 오버헤드가 제작비의 10~15퍼센트 수준에 이른다. 배급 오버헤드는 박스오피스에서 극장 수입을 공제하고 넘겨받은 수입의 30퍼센트 정도나 된다. 마케팅 오버헤드는 광고비의 10퍼센트 정도 책정된다. 비용의 형태로 처리되지만 실상은 스튜디오의 수입이 되는 것이다.

스튜디오는 그렇게 서비스 제공의 요금 형태로 수입의 많은 부분들을 공제해버린다. 이렇게 저렇게 공제하고 나면, 스튜디오는 수익을 올린 작품임에도 회계장부상에 순수익으로 분류되는 금액이 마이너스로 떨어지기도 한다. 게다가 간혹 아이디어나 기획 자체를 가능하게 한 주연 배우가 순수익이 아닌 총수입의 10여 퍼센트를 챙겨 가버리고 나면, 영화는 흥행을 해도 순수익은 사라져버린다. 그렇게 되면 참여배당은 없다. 할리우드에서 스튜디오가 순수익이 생기면 몇 퍼센트 주겠다고 한다면, 그냥 못 들은 것으로 하고 잊어버리고 있어도 된다는 말이다.

이런 문제는 소송으로 이어지기 쉬운데, 그 대표적인 사건이 부치월드와 파라마운트 소송건(Buchwald v.s. Paramount)이다. 에디 머피가 주연한 <구혼 작전(Coming to America)>은 3억 5,000만 달러의 수입을 올렸지만, 회계상으로 순수익이 발생하지 않아 작가인 부치월드(Buchwald)에게 참여배당을 거부했다. 법원은 파라마운트가 회계장부상 제작비용을 10배 가까이 증폭시켰고, 3억 5,000만 달러를 벌어들인 영화가 순수익이 발생되지 않았다는 것은 납득하기 어렵고 비양심적이라고 보았다. <반지의 제왕>도 유사한 소송이 있었다. 감독과 위그넛 영화사(Wignut Films), 배우들이 뉴시네마라인을 상대로 이익이 발생했음에도 참여배당을 하지 않고 있다고 소송한 적이 있다.[4]

---

[4] "15 actors sue New Line Cinema over 'Lord of the Rings' profits," *USA Today*, 2007, June 6.

할 수 있다는 것이다.

　　미드의 창작자는 작품이 소설 원작에 기초하든 창작대본에 기초하든 간에 영상 작품과 관련하여 여러 가지 권한을 갖게 된다. 이들이 정당하게 제작에 참여하게 되면, 대체로 책임 프로듀서 중 한 명으로 참여하거나 쇼러너, 스토리 자문 등을 맡기도 한다. 그뿐 아니라 창작자는 순수익의 일정 지분을 요구하기도 한다. 그렇기 때문에 프로듀서, 대본 작가, 감독들은 매력적인 스토리를 접했을 때 정당한 지불을 하고 스토리를 얻기보다는 표절의 유혹을 받을 수도 있다.

　　성공한 영화나 드라마는 상대적으로 표절 시비에 노출되기 쉽다. 세상에 유일무이한 스토리는 흔치 않기 때문에 영화나 드라마 성공작이 마치 자신의 글을 표절한 것이 아닌가 하는 생각을 한번쯤 가져보게 된다. 내 원고를 본 프로듀서들은 몇 년째 한 번도 대답이 없었는데, 어느 날 내가 쓴 것과 흡사한 스토리의 영화가 빅히트를 치고 있다면 당연히 그런 생각이 들 수 있다. 그런 추측 중에는 과민반응도 있었을 것이고, 실제로 의도적인 표절도 분명 있었을 것이다.

　　표절의 문제는 문제의 인물이 스스로 표절한 것이라고 밝히지 않는 한, 법적인 판결과는 무관하게 진실을 알기는 어렵다. 법적 판결이라는 것은 스토리 구조의 유사 정도, 인물 설정의 유사 정도, 구체적 표현의 유사 정도, 독특한 표현의 사용 정도에 따라서 객관적으로 판단한 것이어서 신뢰성이 낮지는 않겠지만, 그럼에도 언제나 진실은 본인만이 알고 있다. 대체로 영화나 텔레비전 드라마 제작에서 저작권을 보호받기 위해서는 보호받고자 하는 대상이 창작물이어야 하고, 작가의 표현이어야 하며, 정당한 사용(fair use)의 성격[2]을 가지고 있지 않아야 하며, 표현이 고정되고 가시적인 형태를 띠고 있어야 한다.[3]

나도 똑같은 생각을 했어!

할리우드에서 대본작가가 원고 작업을 끝낸 다음 자신의 작품이 영상화되도록 하기 위해서 프로듀서와 미팅을 갖는 과정에서도 많은 복잡한 일들이 개입된다. 작가의 아이디어나 스토리를 들은 프로듀서는 "참 대단한 이야기군요. 당신이 이 스토리를 20년 전에만 가져왔더라면 좋았을 것을"이라고 말한다. 이렇게 프로듀서는 작품 계약을 거부한 채 다른 유능한 작가에게 그 아이디어와 스토리 구성을 제공하고 새로운 작품을 쓰게 할 수도 있는 일이다. 아예 양심도 없이 원고를 통째로 가로채버릴 가능성도 배제할 수는 없다. 그래서 프로듀서에게 원고 검토를 하도록 할 때에도 프로듀서와 작가 사이에는 합의서 서명이 오고 가게 된다. 믿고 사는 세상이면 좋겠지만, 멀쩡한 스토리 하나를 확보하기가 어려운 콘텐츠 제작시장이다 보니까 그만큼 불신이 커지는 것이다.

---

2 정당한 사용의 사유가 있어, 저작권 침해로 간주하지 않는 경우를 말한다. 예를 들면, 비영리 교육 목적, 과학적·역사적 작업의 인용이 공익적 성격을 가질 때, 전체 대비 상당히 작은 부분을 인용할 때, 인용이 시장에 영향을 미치지 않을 때 등을 말한다. M. Litwak, *Dealmaking in the film & television industry*(2nd Ed.), p.283.

3 M. Litwak, *Dealmaking in the film & television industry*(2nd Ed.), p.287.

작가가 어렵게 프로듀서와 만남의 자리를 마련했는데, 스토리를 보여주려다가 말고 "아, 잠깐만요. 언짢게 들리실지 몰라도 저의 스토리를 보려면 먼저 이 합의문에 서명을 하셔야 합니다"라고 말한다면 어떻게 될 것인가. 프로듀서의 성격에 따라서는 서명해주고 스토리를 들을 수도 있지만, 어떤 프로듀서들은 이렇게 말할 것이다. "내가 당신과 식사하면서 왜 이런 짓을 해야 되죠?" "그렇다면, 할 수 없군요. 파라마운트사와 미뤄놨던 약속을 잡아야겠군요." 그렇게 응수해봐야 큰 효과는 없다. "잘 됐군요. 행운을 빕니다." 사람들 간의 일이라는 것이 그렇게 원리원칙대로 하려고 해서는 진척이 없는 경우가 허다하다. 그래서 인간적 신뢰에 기초하다 보니 문제도 발생하는 것이다.

리트워크는 법적으로 보호되지 않는 아이디어에 대해 할리우드의 프로듀서들이 어떤 태도를 취하는지를 보여주었다. 그에 따르면, 신인 작가들이 보호되지 않는 아이디어를 프로듀서에게 제시했는데, 그것이 프로듀서의 맘에 꼭 들면 이렇게 말할 수 있다는 것이다. "이런 우연이 있다니, 오늘 아침 샤워를 하다가 나도 똑같은 생각을 했는데 말이지. 명석한 사람들은 다 비슷한 생각을 하나 봐."[4] 예를 들어 그럴 수 있다는 표현이지만, 정말 듣기만 해도 얄밉기 그지없다. 리트워크는 이런 약탈적 행위는 경험이 없는 신인 작가와 별 볼일 없는 프로듀서 사이에서 발생하는 일이지, 지명도 있는 프로듀서가 소송을 감수하고 그런 무

---

4 M. Litwak, *Dealmaking in the film & television industry*(2nd Ed.), pp.165~166.

모한 일을 할 리 없다고 말했다. 하지만 이런 일이 할리우드에서 일어나지 않을 것이라고 생각할 이유는 없다.

원고 지키기

작가가 원고를 보호받기 위해서 가장 편리하고 간단한 방법은 프로듀서에게 보여주기 전에 원고를 WGA에 등록하는 것이다. WGA 등록이 모든 문제를 해결해주는 것은 아니지만,[5] 라디오, 영화, 텔레비전, 비디오, 상호작용적 미디어 등을 위한 대본원고가 완성된 일자를 확정하는 효과가 있다.

WGA는 대본의 등록이 미국 저작권의 보완적 장치라고 밝히고 있다. WGA 등록을 하기 위해서 작가가 반드시 WGA의 정회원일 필요는 없으며, 일정한 돈을 지불하면 원고 완성 일자를 확정받을 수 있다. WGA 대본 등록에서 제목은 등록 대상이 아니므로 등록 후 제목이 수정되어도 새로 등록할 필요는 없다. 내용의 수정은 재등록을 필요로 한다. 또한 완전한 원고가 아니라 시놉시스나 아웃라인의 등록도 가능하다. WGA West와 WGA East에서 대본 등록을 받고 있는데, 서부에서 대본 등록을 하려면 비회원은 20달러, 회원은 10달러를 내야 한다. 이 등

---

[5] 그 밖에 무대연극, 소설, 다른 장르의 책, 단편소설, 시, 상업 문구, 서사시, 그림, 음악, 그 외 다른 미디어 작업 등을 포함한다.

록은 5년간 유효하고 기간이 끝나면 연장 신청할 수 있다. 동부에서 등록하기 위해서는 비회원은 22달러, 학생은 17달러, 회원은 10달러를 지불해야 한다. 등록은 10년간 유효하고 이후 연장이 가능하다.

에이전트를 통하지 않고 프로듀서나 스튜디오와 직접적인 접촉을 시도하는 작가들은 원고제출동의서에 서명할 것을 요구받는다. 이 동의서가 동봉되지 않은 원고는 작가에게 반송되기도 한다. 이 동의서의 내용은 대체로 다음의 내용을 포함한다.

- 검토자는 원고를 검토한 후에 원고 채택 여부를 알려줘야 한다.
- 작가는 원고의 유일한 소유자이며 모든 권리를 가지고 있다.
- 작가는 적어도 동일한 원고 복사본을 한 부 가지고 있으므로, 검토자는 원고의 분실에 대해서 책임지지 않는다.
- 검토의 결과는 구두 형식으로 작가에게 전달되지는 않는다.
- 본 동의서의 수정은 문서로 작성되어야 하고 상호 간의 서명이 있어야 유효하다.

아이디어 요약이나 대본 등의 저작권을 안정적으로 확보하기 위해서, 표지에 ⓒCBS Worldwide Inc. 등과 같이 저작권 표시를 하는 것이 좋으며, 등기우편으로 제공하는 것이 좋다. 미국의 경우에는 WGA에 원고를 등록함으로써 저작 시점이 증명된다. ⓒ의 표시는 실질적인 구속력을 갖기보다는 집필자가 저작권에 대한 권리를 적극적으로 주장하고 있음을 보여줌으로써 프로듀서에게 심리적인 부담을 주는 것으로 볼 수 있다.

대개의 항목은 계약 문화가 정착된 요즘에 보기에는 당연한 것으로 보이는 데 반해, '검토의 결과는 구두 형식으로 작가에게 전달되지 않는다'는 항목은 특히 주목할 만하다. 법적으로 구두 계약은 구속력이 약하고 분쟁을 일으킬 소지는 있지만 인정되지 않는 것은 아니다. 그럼에도 구두 발표를 인정하지 않겠다는 항목을 포함하게 되면, 프로듀서는 작가와의 관계에서 부담을 크게 덜 수 있다. 이 항목은 프로듀서에 절대적으로 유리하게 구성되어 있지만, 또 한편에서는 대본의 제출과 검토, 평가 과정에서 프로듀서와 작가 사이에 일어날 수 있는 대화가 작가에게 부질없는 희망을 주거나 상처를 줄 수 있다는 점을 염두에 두고 있다. 물론 휴머니즘적 차원에서 나온 조항은 아니고, 끊이지 않고 계속될 수 있는 수많은 법적 분쟁의 가능성을 배제하고자 하는 의도에서 나왔다고 할 수 있다.

작가가 에이전트를 통해서 프로듀서와 접촉하기 위해서, 먼저 에이전트에 대본 원고를 보낼 때에도 유사한 우려와 대처가 요구된다. 개인이 우편으로 제출한 원고를 프로듀서가 면밀히 검토해줄 것을 기대하는 작가는 너무 순진하다고 볼 수 있다. 에이전트를 통한 조직적인 접근이 더 효율적이라고 볼 수 있는데, 사실상 에이전트와 계약을 맺는 것 또한 프로듀서와 계약하는 것 못지않게 복잡한 문제들을 안고 있기는 하다. 그러나 이러한 모든 거북스러운 일들을 마다한다면 이 일을 할 수 없을 것이다.

William Morris Agency, Inc(WMA), Creative Artists Agency(CAA), International Creative Management(ICM) 등이 특히 유명한 대형 에이전

트인데, 신인 작가들이 바로 이들 에이전트와 계약을 맺기는 쉽지 않다. 신인 작가들은 오히려 작은 에이전트들과의 계약을 통해서 활동을 시작하는 방안을 채택하는 경우가 더 일반적이다. 에이전트 이야기는 다른 장에서 별도로 다루겠다.

패트릭 베론과 작가파업

멀티플랫폼 시대에 작가들은 또 다른 미해결의 쟁점을 안고 있다. 그것은 디지털 플랫폼에서 자신이 쓴 원고로 제작된 영상이 유통되는 데 따른 보상 문제이다. 2005년 WGA West 회장이 된 패트릭 베론(Patric Verrone)은 1988년 이래 처음으로 작가파업(2007년)을 주도했다.

패트릭 베론은 1998년 애니메이션 시리즈인 <퓨처라마(Futurama)>를 집필하면서 이름을 내기 시작했고, <심슨스(The Simpsons)>, <패밀리 가이(Family Guy)>, <킹오브더힐(King of the Hill)> 등의 대본을 집필했다. 그는 하버드대를 졸업하고 보스턴칼리지 법학대학원을 졸업한 부동산법 전문 변호사 출신이다. 1985년에 변호사 일을 그만두고 할리우드로 건너와서 방송작가가 되었지만, 도중에 캘리포니아 변호사가 되기도 한다. 캘리포니아 변호사인 작가길드 회장에게 메이저 스튜디오들이 이번에는 제대로 걸렸다 싶었지만 메이저 스튜디오는 좀처럼 양보하지 않았고, 이는 결국 2007년 11월 5일 작가파업으로 이어졌다.

주요 쟁점은 DVD와 인터넷 및 다른 디지털 사용에 관한 권리 문제였다. WGA West는 콘텐츠의 2차 시장에서 발생하는 수익의 2.5퍼센트를 요구했다. 스튜디오는 어떤 포맷이 가장 많은 돈을 벌어다 줄지 확신할 수 없어서 쉽게 협상의 결론에 도달하지 못했다. 베론은 비디오 카세트가 나올 때인 1985년에 비디오테이프가 얼마나 돈을 벌어다 줄지 이해하지 못했던 까닭에 작가들이 스튜디오와 불리한 계약을 맺었으며, 그로 인해 정당한 수익 배분을 받지 못해왔다고 주장하고 있다. 할리우드 작가들은 이러한 관행이 디지털 미디어 시대에도 계속될 것을 우려했다.

약 3개월 동안의 작가파업의 결과, 인터넷 유통을 통해 벌어들인 스튜디오의 수익을 작가들도 배분받을 수 있는 길이 열렸다. 이전에는 인터넷 유통으로 발생한 수익은 작가들에게 한 푼도 돌아가지 않았었다. 영화방송제작자협회(AMPTP)와 WGA의 합의 내용을 보면, 인터넷에서 유통된 영화나 방송 콘텐츠의 작가는 첫 2년 동안은 연간 1,200달러(1시간 방송 기준)를 정액으로 받고, 그 이후 1년은 수익의 2%를 받게 되었다. 베론은 이 협상 결과를 작가들의 승리로 발표했지만, 인터넷 유통에서 수익이 거의 발생하지 않는다고 주장해온 스튜디오가 실질적인 수익 배분을 어떻게 할지는 좀 더 지켜볼 일이다.

독창성(Originality) 지키기

할리우드 작가들에게 저작권만이 문제는 아니다. 영화나 드라마의 대본은 순수 개인 창작물이 아니다 보니, 많은 관계자들이 원고에 개입하게 된다. 할리우드의 작가들은 어떻게 자신의 독창성을 지킬 수 있을까? 신인 작가나 기성 작가나 할 것 없이 프로듀서, 감독 혹은 주연 배우가 자신의 대본에 손을 대는 것을 좋아할 사람은 하나도 없다. 이것에 대해서 할리우드의 한 중견 프로듀서는 "그럴 수는 없다"고 단호하게 잘라서 답했다. 타인에 의한 원고 수정을 허용하지 않을 작정이라면, 소설이나 연극대본을 써야 한다는 것이다. 할리우드의 영화나 TV드라마 생산은 철저하게 비즈니스 오리엔테이션으로 접근해야 함을 강조한 것으로 볼 수 있다.

    영화와 TV드라마에서 대본은 프로듀서, 작가, 감독의 합작품으로 봐야 할 것이다. 거기에 투자자, 책임 프로듀서, 에이전트, 주연 배우 등의 입김이 개입된다. 대본의 수정에 대한 사항들은 작가 계약에서 중요한 부분을 차지한다. 심지어는 감독이 선임될 때까지 대본은 미완성으로 남아 있다. 다시 말하자면 감독이 대본의 방향에 중요한 키를 쥐고 있다는 것을 의미한다. 작가는 감독과의 협의하에 대본의 수정에 적극적으로 임할 계약서상의 의무가 있다. 참으로 맘에 들지 않을 때 작가들이 자주 하는 말은 "그렇게 잘하면 네가 직접 써라"이다. 그러나 계약하에 있는 프로듀서와 작가와의 관계는 불끈하여 내뱉는 몇 마디 말로 달라지지는 않는다. 결국은 하기로 한 일들은 어떤 선에서건 협의를 통해서 끝을 내야 하고, 그렇지 않으면 그로 인한 피해보상을 돈으로 지불하는 방법밖에는 없다. 이런 간섭하는 관계를 참지 못하는 작가는 프로듀서가 아닌 변호사와 얘기를 나누게 될 것이다.

할리우드에서 피해보상은 간단치가 않다. 영화나 TV드라마 제작은 한국에서건 미국에서건 시간이 곧 돈이다. 제작비용을 줄이기 위해서 작업 시간을 줄이는 것보다 더 효율적인 것은 없다. 야외 촬영에는 엄청난 인력과 차량이 동원된다. 촬영스태프들의 인력과 장비차량과 발전차 등은 물론이고, 그 밖에도 주연, 주요 조연들은 특수 대형 차량에 개인 의상 등을 보관하고 휴식을 취할 수 있는 공간을 포함하는 캐빈을 하나씩 확보하고 있으며, 화장실 차량과 케이터링한 식사와 간식 차량까지 대동한다. 촬영진이 들어올 공간을 확보하기 위해서 로스앤젤레스의 경찰은 매우 숙련된 방식으로 거리 통제에 적극적으로 협조한다. 또 촬영에 사용할 차량을 운반하는 차량 운반용 대형 트럭 여러 대가 왔다 갔다 한다. 만일 대본의 지연으로 촬영 일정이 지연되거나 스태프와 차량의 시간 예약에 문제가 생기면 그로 인한 비용 발생은 엄청난 금액이 될 것이다.

　　할리우드 스튜디오와 계약한 대본작가는 기본적으로 프로듀서와 감독과 쇼러너 등의 사람들과 충분히 의견을 나누고, 서로의 의견을 수용할 준비가 되어 있어야 할 것이다. 이는 결코 자신의 주장을 억제해야 한다는 말은 아니다. 자신의 독창성을 지키기 위해서 문을 걸어 잠그지 말아야 함을 의미한다.

7장 에이전트 시스템

"당신은 최고가 될 잠재력이 있어요." 의뢰인들은 대체로 자신의 역량보다 큰 일을 원하기 마련이기 때문에, 에이전트는 의뢰인의 욕심과 현실의 괴리를 부드럽게 중재해주어야 한다. 말은 그렇게 하더라도 유능한 에이전트는 자신의 의뢰인이 도달할 수 있는 한계에 대해 냉철하게 인식하고 있어야 한다.

에이전트 시스템

최근 몇 년간 우리의 방송가에서 연예 매니지먼트사와 관련한 사건들이 많았고, 긍정적 역할에 대한 이야기보다는 매니지먼트사와 연예인의 계약 기간과 계약 조건, 성상납 등의 비공식적 거래, 방송프로그램 제작 및 편성에 미치는 과다한 영향 등 부정적 면들이 노출되었다. 이런 문제들은 대체로 명백히 밝혀지지도 않은 채 진실 공방만 계속되는 경향이 있어, 매니지먼트사의 이미지를 나쁘게 만들고 있다.

여러 가지 면에서 선진화된 시스템을 가진 할리우드는 어떠한가? 단체협상을 통해 비합리적 요소들이 개선되고 있지만 할리우드도 똑같은 문제들을 안고 있었으며, 현재도 거기서 완전히 자유롭지는 않다. 그럼에도 할리우드는 물론이고 미국과 서유럽 국가들에서 문화계 관련 활동은 에이전트 시스템을 통해 원활하게 돌아가고 있다. 그 활동 범위도 연예인에만 한정되지 않고, 소설가, 강연 연사, 프로듀서, 감독, 대본작가, 운동선수 등을 포함한다.

AFTRA(American Federation of Television and Radio Artists)의 에이전시 규약에 따르면, 에이전트는 에이전시에 소속된 에이전트와 계약을 맺은 배우, 감독, 작가 등의 연예계 활동을 알선하고, 보수의 협상 및 계약을 대행하는 업무를 수행한다. 게다가 에이전트는 소속 배우, 감독, 작가 등을 패키지로 묶어 스튜디오에 영화제작 및 기타 사업을 제안하기도 한다.

에이전시는 텔레비전 제작에 참여할 수는 있지만 제작비(production

cost)의 15퍼센트를 초과할 수 없으며, 어떤 경우에도 최대 투자 지분을 가져서는 안 된다고 규정되어 있다. 에이전시는 사진, 오디션 테이프, 데모 릴(demonstration reel), 비즈니스 매니지먼트, 코치, 드라마 학교, 탤런트 브로슈어 등 예술인들을 위한 서비스 사업에 투자할 수 없다. 또한 에이전시는 제작사와 배급사에 20퍼센트까지 지분을 투자할 수 있지만 메이저 스튜디오, 지상파방송, 메이저 레코드사에는 투자할 수 없다. Sony, News Corp./Fox, Disney, AOL/TimeWarner, Viacom, Dreamworks, MGM, General Electric, Vivendi Universal, Clear Channel Communications,[1] Tribune Broadcasting, EMI, BMG 등이 거기에 해당한다.

할리우드 시스템에서 에이전시의 역할이 점차 확대되면서, 영화 및 텔레비전 제작 과정에서 영향력을 넓혀가고 있다. 과거에는 단순히 협상을 이끌어내고 후원자로서의 역할을 하던 에이전시가 지금은 감독과 작가와 배우를 패키지화해서 시장성이 있고 가능한 작품 기획을 스튜디오에 제안하는 역할까지 하다 보니, 감독의 권한과 역할 수행에 걸림돌이 되기도 한다. 패키지 프로젝트가 네트워크에 의해 채택되어 편성되면, 그 수입의 5퍼센트를 참여 지분으로 받는다. 감독들은 에이전시

---

[1] 우리나라에서는 다소 생소한 미디어 그룹인데, AM, FM, 단파 등의 라디오 방송사업을 주로 하고 있는 기업이다. 1972년 텍사스 주 샌안토니오 시에서 라디오 방송을 시작하여 미국 최대의 라디오 방송기업이 되었다. 현재는 투자사인 CC Media Holdings의 소유이며, 세계 최대규모의 옥외광고회사인 Clear Channel Outdoor Holdings의 지분 90퍼센트를 가지고 있기도 하다.

의 영향력 확대에 불만을 토로하기도 하는데, 감독 시드니 폴락은 에이
전시와 스튜디오 중심의 기업식 작업에 대해 다음과 같이 비꼬고 있다.

> 그런 작업의 결과가 더 좋은 영화를 만들어내는가. 그렇지는 않다. 그
> 럼 그런 영화들이 더 많은 돈을 버는가. 의심할 바 없이 그렇다. 그렇다
> 고 하더라도 돈을 버는 것이 할리우드의 존재 이유가 될 수 있는가. 물론
> 그렇다. 이런 논리로 에이전시는 할리우드의 스튜디오 시스템이 추구하
> 는 바를 성취하도록 돕고 있다.[2]

감독이 할리우드의 상업적 생산시스템을 수용하더라도, 그들의 주된 관심은 궁극적으로 작품성에 이르게 되어 있다. 감독이란 사람들의 인간적인 성향일 수도 있으며 직업 윤리일 수도 있다.

작가의 경우만 보더라도 신인 작가가 유명 에이전트와 계약을 하는 것은 지극히 어렵다. 유명 작가나 프로듀서 혹은 감독의 추천이 있는 경우에나 에이전트는 작가 지망생이 제출한 스펙대본을 검토할 시간을 할애할 것이기 때문이다. 그렇지 않다면 기존 의뢰인들의 대본을 검토하는 일이 더 우선적이다. 좋은 작품을 건질 확률이 낮은 원고 더미 속에서 일을 하는 것보다는 한 차례 검증을 하여 계약을 맺은 작가들의 원고를 읽는 것이 확률적으로 성공할 가능성이 더 높다. 바쁘지 않은 에이전트와는 일해 봐야 소용없는 일이다. 오히려 신인 작가들은 메

---

[2] J. E. Squire(ed.), *The movie business book*, p.28.

이저 에이전시의 에이전트와 접촉을 시도하기보다는 작은 규모로 내실 있게 일하는 실력 있는 에이전트를 잡는 것이 더 효율적이다.

에이전트 시스템에 대한 부정적 시각에도 이미 문화활동의 시스템에서 에이전트 시스템이 확고하게 자리 잡았으므로, 미드의 생산 시스템을 다룰 때 함께 살펴보아야 할 것이다.

에이전트-매니저-변호사

얼핏 보기에는 에이전시와 에이전트가 작가나 배우를 고용하는 것으로 보이지만, 실제의 계약 관계는 반대이다. 즉, 작가나 배우가 자신의 일을 대행해줄 에이전트를 고용하는 것이다. 에이전트가 계약을 파기하고 싶을 때나 의뢰인인 작가나 배우가 계약을 파기하고 싶을 때에는 서로 큰 부담이 발생한다. 특히 에이전시 입장에서는 대본 검토, 작업 알선, 홍보 등을 위해 많은 시간과 돈을 투자해오던 터라 쉽게 계약 파기에 동의하려고 하지 않을 것이다.

최근 한국에서는 매니지먼트사와 연예인 사이의 계약이 10년을 넘는 장기 계약 형태를 띠고 있어 노예 계약에 가깝다는 비판이 나오기도 했는데, 할리우드에서는 이런 병폐를 막기 위해 계약 기간을 2년으로 제한하고 있다. 또 신규 의뢰인의 최초 계약인 경우에는 18개월 이후에는 서면으로 사전 통보 후에 계약을 종료할 수 있도록 하고 있다. 신규 의뢰인의 최초 계약의 경우에는 의뢰인이나 에이전트나 상호 간

에 실수가 있었을 가능성을 감안하여 2년 이전이라도 계약을 파기할 수 있게 한 것이다.[3]

에이전트는 주법에 의한 면허를 가지고 의뢰인이 고용될 수 있도록 스튜디오 등과 거래하는 일을 수행한다. 캘리포니아 주 노동법 제 1700조 제4항은 'talent[4] agent'를 "예술인들의 고용을 획득해내려는 사람"으로 정의하고 있다. 예술인은 배우, 감독, 작가, 사진기사, 작곡가, 작사가 등 텔레비전 비즈니스와 관련하여 일하는 사람들로 광범위하게 설정하고 있다.

에이전트는 배우, 감독, 작가 등의 총수입의 10퍼센트 정도를 수수료(fee)로 받고 있다. 배우와의 계약은 SAG(Screen Actors Guild)의 규약을, 작가와의 계약은 WGA의 규약을, 감독과의 계약은 DGA(Director's Guild of America)를 따른다. 고용대행법(Employment Agency Law)은 에이전시가 의뢰인의 총수입(고정적 보수, 고정 보너스, 수익 배분 등을 포함)의 10퍼센트 이상의 수수료 지급 계약을 맺는 것을 금지하고 있다. 모든 수입은 에이전시로 들어가서 10퍼센트를 공제하고 의뢰인에게 지급된다.

이러한 에이전시의 설명을 들으면 우리나라의 연예기획사를 떠올리게 되는데, 외형적으로는 대체로 비슷하다. 우리나라의 연예기획사가 에이전시와 개인 일정 관리 및 활동의 진행 관리 등을 맡는 매니지

---

[3] J. E. Squire(ed.), *The movie business book*, pp.352~360.
[4] 여기서 '탤런트'는 예술적 재능, 혹은 예술적 재능을 가진 사람을 일컫는 말로써, 우리나라에서 텔레비전 배우를 칭하는 탤런트보다 광의의 개념이다.

먼트의 역할을 동시에 제공하기도 하는 반면, 미국의 에이전시는 전통적으로는 매니지먼트 업무와는 완전히 구분되었었다. 그러나 최근에 미국에서도 에이전시와 매니지먼트의 경계가 뚜렷하지 않는 경향을 보이며, 양자 간의 갈등도 벌어진다.

    매니저는 에이전트가 하는 일을 도우면서, 의뢰인의 이미지 관리, 일정 관리 등의 업무를 맡게 되는데, 캘리포니아법 노동법에 의한 면허가 요구되지는 않는다. 특정한 법적 규제는 없더라도 관행상 에이전트에 준하는 규정을 준수할 의무를 갖는 것으로 본다. 특히 에이전트와 마찬가지로 매니저도 SAG, AFTRA, WGA의 규약에 동의하는 것을 전제로 한다.

    때로는 사업적으로 투명하지 않은 매니저의 경우 의뢰인 수입의 50퍼센트까지 착취하기도 하지만, 대개는 15~25퍼센트 수준에서 수수료를 받는다. 미국 영화인매니지먼트연합(Talent Management Association)은 자체적인 윤리 규정을 통해 음악과 모델링(20퍼센트)을 제외하고는 보통 15퍼센트 이상의 수수료를 받지 않으며, 계약 기간은 3년(음악은 5년)을 초과하지 않도록 했다.

    에이전트와 매니저와는 다소 구분되지만, 이들과 유사한 역할을 하는 이가 할리우드 변호사이다. 할리우드 변호사가 할리우드에서의 고용과 관련해서 하는 일은 거래 협상, 법률 문서 작성, 그리고 여러 가지 골치 아픈 일 등을 처리해주는 것이다. 의뢰인들은 거래 자체를 변호사에 의뢰하기도 하고, 계약서나 동의서 등의 문서 검토 작업 등을 의뢰하기도 한다. 할리우드 변호사가 맡게 되는 골치 아픈 일들이란 계약 관련 문제, 권리 귀속 문제, 재무 등을 말한다. 개인적 의뢰뿐 아니라 에이전시, 스튜디오, 프로덕션 등 관련 기업들의 계약 관계에는 반드시 변호사의 문서 검토 작업이 수반된다. 이런 기업들은 변호사들로 구성된 법률 전담팀을 가지고 있는 경우가 많다.[5] 할리우드에서 영화계의 계약 관련 변호사는 대개 의뢰인의 총수입의 5퍼센트 정도의 수수료를 받는다. 그렇다면 에이전시와 매니지먼트사와 계약한 할리우드의 배우, 감독, 작가들은 총수입의 25~40퍼센트 정도는 이와 관련된 비용으로 지불하게 된다고 볼 수 있다.

　　미국의 에이전시가 배우, 감독, 작가 등 광범위한 영역에서 계약 관계를 맺음으로써 감독·작가·배우를 패키지로 묶어 작품을 기획하여 스튜디오에 제안하는 전략은 일반화되어 있다. 이런 경우에는 수익의 5퍼센트에 해당하는 지분을 갖는다. 미국에서는 대체로 에이전시와 매니지먼트 업무를 분리하고 있지만 그렇지 않은 경우도 많으며, 업무의 중복 부분이 발생하기도 한다.

　　우리나라 연예기획사는 배우, 가수, 개그맨, 모델, 아나운서 등을 전속계약을 통해 관리하고 있으며, 에이전시와 매니지먼트 업무를 통합적으로 운영하고 있다. 우리나라 텔레비전 드라마업계에는 스타제이엔터테인먼트나 MTM 등 연예인 중심의 연예기획사도 있고, 김종학 프로덕션, 올리브나인 등과 같은 드라마 독립제작사가 감독과 작가를 전

---

5 H. J. Blumenthal & O. R. Goodenough, *The business of television*(New York: Billboard Books, 2006), p.365.

속으로 두고 에이전시를 하나의 사업 분야로 두거나 본격적으로 연예 기획사를 자회사로 운영하여 전속 배우들을 두는 경우도 있다. 우리나라 방송에서 드라마 제작이 외주 제작 중심으로 전환되고 오락 프로그램이 매니지먼트사 기획으로 전환되는 추세에 있으므로, 우리의 방송 시장에서도 에이전트 시스템이 주요한 위치를 잡아갈 것으로 보인다.

주요 에이전시

미국의 주요 에이전시로는 WMA(William Morris Agency), ICM(International Creative Management), CAA(Creative Artists Agency), UTA(United Talent Agency) 등을 꼽을 수 있다. 이들 에이전시는 로스앤젤레스, 뉴욕, 시카고, 런던, 내슈빌 등은 물론, 베이징, 도쿄, 홍콩 등과 같은 아시아 지역에도 지점을 두고 있다.

William Morris Agency, Inc(WMA)[6]

미국의 대표적인 에이전시인 윌리엄 모리스 에이전시는 1898년에 독일계 유대인이 뉴욕에서 M자 위에 W를 포개놓아 4개의 X로 보이는 로고를 내세우고 '윌리엄 모리스 보더빌 에이전트'를 설립하면서 시

6 www.wma.com.

작하여, 1918년에 WMA를 공식적으로 출범시켰다. 그 후 사업 영역을 영화, 방송 등으로 확장하면서 뉴욕, 로스앤젤레스, 내슈빌, 런던, 마이애미, 상하이 등에 지사를 두고 있다. 당시 인기 절정이었던 극장쇼 보더빌 에이전시로 출발한 윌리엄 모리스 에이전시는 새로운 미디어의 성장에 민첩하게 대응하면서 무성영화, 유성영화, 텔레비전, 음악, 브로드웨이 극장, 출판, 스포츠, 비디오 게임, 기업 컨설팅 등으로 영역을 폭넓게 확장했다.

  WMA는 1930년대의 스티브 매퀸, 프랭크 시나트라, 앤디 그리피스, 메릴린 먼로, 엘비스 프레슬리, 캐서린 헵번, 잭 레먼, 월터 매튜, 킴 노박, 딕 반 다이크, 빌 코스비 등, 1960년대의 롤링 스톤스, 비치보이즈 등 쟁쟁한 연예인들의 일을 대행했다. 그 밖에도 WMA와 계약했었거나 현재 계약 중인 연예인들로는 재키 찬, 우피 골드버그, 에디 머피, 엠마 톰슨, 위노나 라이더, 멜 깁슨, 러셀 크로우, 리처드 기어, 벤 애플렉, 휴 잭맨, 캐서린 제타존스, 마이클 더글러스, 매트 데이먼, 안토니오 반데라스 등이 있다. 이후 1990년대에 접어들어서는 소설과 영화의 연계를 강조하면서 작가들을 의뢰인으로 확보하는 데 힘을 기울였다. <로스트>, <사우스파크>, <아메리칸 대드>, <L 워드(L Word)>, <위즈>, <ER>, <오피스> 등에 작가, 감독, 프로듀서를 공급하는 에이전트 역할을 했다. 베스트셀러 작가들로는 <벌들의 비밀생활(Secret Life Of Bees)>의 수 몽 키드(Sue Monk Kidd), <본즈>의 캐시 라이크스(Kathy Reichs), <가십걸>의 세실리 폰 지게사르(Cecily Von Ziegesar) 등을 확보했다.

WMA는 2~5년이나 걸리는 자체적인 에이전트 교육 프로그램을 가지고 있다. 그 프로그램에 지원하기 위해서는 4년제 대학의 학위가 있어야 하며, 법학, 경영학 등에서 석사학위 이상을 가진 경우도 많다. 수련생들은 처음에 4~6개월 동안 우편물 분류, 전달, 서류 정리 등의 일을 하면서 에이전시의 각 부서의 일을 배운다. 다음 단계에서 수련원들은 순회근무자로서 각 파트에서 에이전트를 임시로 보조하게 된다. 전임제 에이전트 보조직이 나면, 인터뷰를 거쳐 자리를 잡게 된다. 전임제 보조가 된 수련원은 한 명 이상의 에이전트와 작업하면서 경험을 쌓고, 업계의 다양한 영역들과의 협상을 익히게 된다. 이러한 과정을 성공적으로 마치면 독립적인 에이전트로서의 역할을 수행할 수 있는 기회를 갖는다.

International Creative Management(ICM)[7]

ICM은 1975년 Creative Management Associates와 International Famous Agency가 합병하면서 세계적인 에이전트사가 되었고, 2006년에는 문학에이전트 브로더 웹 세르빈 실버만(Broder Webb Chervin Silbermann)을 인수했다. 이 에이전시는 제임스 버로, 로리 등의 스타급 작가 겸 프로듀서와 쇼러너들을 의뢰인으로 확보하고 있어, ICM에 의한 인수는 할리우드에서 큰 주목을 모았다. 영화, 텔레비전, 뉴미디어,

[7] www.icmtalent.com.

문학 등의 문화계 전 영역을 다루고 있는 ICM는 뉴욕, 로스앤젤레스, 런던에 사무실을 두고 있다.

ICM과 계약했거나 현재 계약 관계에 있는 이들로는 미키 루크, 사무엘 잭슨, 조디 포스터, 알 파치노, 메간 폭스 등의 영화배우가 있으며, 로만 폴란스키, 우디 알렌 등의 감독도 있다. 텔레비전 배우로는 존 햄, 데이비드 듀코브니, 앤서니 라파글리아, 홀리 헌터, 알란 알다, 마르그 헬겐버그, 제뉴어리 존스 등이 있다. 또한 미드 프로듀서 및 창작자들로는 <그레이 아나토미>, <댄싱 위드 스타즈>, <닥터 하우스>, <프렌즈>, <심슨>, <세 남자의 동거(Two and a Half Men)>, <아미 와이프즈>, <치어스>, <섹스앤더시티>, <프레이지어>, <스크러브>, <X-파일> 등의 프로듀서와 창작자들을 포함한다.

Creative Artists Agency(CAA)[8]

CAA는 1975년에 WMA에서 훈련을 받은 에이전트 5명이 독립해서 설립한, 로스앤젤레스를 기반으로 하는 엔터테인먼트와 스포츠 에이전시이다. 그중 한 멤버였던 오비츠가 1985년 ≪뉴욕타임스≫에서 회고한 바에 따르면, 5명이 그들만의 에이전트를 만들기로 뜻을 같이 하기로 확인했는데 자금을 모으기도 전에 해고당하여 창업 자금을 확보하기 위해 대출에 의존해야 했다. 그들은 동양적 철학과 팀워크에 중

[8] www.caa.com.

점을 두었고, 개인별 관리 의뢰인들의 명단을 명시하지 않고 공동으로 일했다고 한다. 그들은 공식적 타이틀을 갖지도 않았고, 사무실에 개인의 이름을 붙이지도 않았으며, 공동으로 동등하게 분배했다.

1995년에 오비츠가 디즈니로 떠나고, 리처드 로메트를 중심으로 한 새로운 체제는 오비츠 등과 관계를 유지했던 기존의 고객들과의 관계를 정리하고 새로운 의뢰인을 확보하고 새로운 영화에 집중하는 전략을 세우는 등 방향 전환을 시도했다. CAA는 로스앤젤레스뿐 아니라 뉴욕, 내슈빌, 런던, 베이징, 세인트루이스, 캘거리, 스톡홀름 등에 사무실을 두고 있다. 2006년부터는 스포츠 영역으로 본격적인 확장을 시도했다. 2009년 ≪포춘≫지는 CAA를 엔터테인먼트계에서 가장 영향력 있는 조직으로 선정하기도 했다.

CAA는 스티븐 스필버그, 브래드 피트, 조지 클루니, 오프라 윈프리, 페이톤 매닝, 시드니 크로스비, 데이비드 베컴, 윌 페렐, 윌 스미스 등과 계약 관계를 맺었거나 맺고 있으며, 현재도 1,000명 이상의 연예인, 프로 운동선수 들을 확보하고 있다.

United Talent Agency(UTA)[9]

UTA는 1991년에 로스앤젤레스를 기반으로 the BauerBenedek Agency와 the Leading Artists Agency의 합병으로 설립되었다. 배우, 작

9 www.unitedtalent.com.

가, 감독, 프로듀서 등의 업무를 대행하고 있으며, 영화, 방송, 게임, 뉴미디어, 음악 등을 다루는 에이전트만 100명이 넘는 대형 에이전트이다.

UTA는 <애스크 닌자>, <위 니드 걸프렌즈>, <빅 판타스틱>과 같은 프로젝트를 의뢰받음으로써 브로드밴드 영역에서 주도적 역할을 하고 있다. 2007년에 UTA와 인터넷 광고대행사인 스팟러너(Spot Runner)는 디지털 엔터테인먼트를 위한 독립스튜디오를 출범시켰다.

<심슨스>, <매리드 위드 칠드런>, <캐빈은 12살> 등을 히트시켰으며, CBS의 <빅 브라더> 창작자인 제이 블루멘탈과 <The Newly Weds>의 창작자인 토니 말쉬, <사인필드>의 창작자인 레리 데이비스, 로렌스 카스댄, 브라이언 드 팔머, 스티븐 소더버그, 코헨 형제, 알렌 볼 등의 작가들과 조니 뎁, 해리슨 포드, 제니퍼 로페즈, 레이첼 맥아담스, 마이크 마이어, 알렌 알다 등의 배우들과 계약 관계를 맺은 적이 있거나 맺고 있다.

에이전트의 길

성공적인 에이전트가 되는 길은 간단하지 않다. 대체로 대학 졸업자로 로스쿨이나 MBA 출신이 선호된다. 대형 에이전시에 입사하면, 우편실에서 우편물을 분류하고 전달하는 업무를 개인마다 차이는 있지만 일 년에서 수년간 하게 된다. 이 일을 하면서 에이전시의 분위기를 익히고, 접촉하는 사람들, 기관들, 그리고 그들 간의 관계에 대한 이해를 넓히게 된다. 이 기간을 성공적으로 인내하고 나면, 에이전트 보조 자리를 얻게 된다. 하루 종일 전화하고, 전화를 에이전트에 돌려주고, 일정을 관리하는 극도의 스트레스를 받는 업무의 연속하에서 살게 된다. 이 일도 개인마다 차이가 매우 크지만 짧게는 1년 길게는 5년도 넘게 하기도 한다. 이 모든 기간을 인내하고 그동안 실력을 쌓은 경우에 독립적인 에이전트로서의 일이 주어진다.

  프로듀서나 감독과 마찬가지로 에이전트도 사람을 다루는 능력이 탁월해야 한다. 배우나 작가 등을 의뢰인으로 받아들이기까지는 에이전트가 선택하는 입장에 있지만, 일단 같이 일을 하기로 결정하면 에이전트는 의뢰인에게 고용된다. 따라서 에이전트는 의뢰인에게 적합한 일을 찾아 고용을 창출해냄과 동시에, 의뢰인이 자신을 유능한 에이전트로 인정할 수 있도록 최선을 다한다. 에이전트는 의뢰인이 능력을 최대한 발휘할 수 있도록 격려를 아끼지 않는다. "당신은 최고가 될 잠재력이 있어요." 그리고 새로운 일을 주선할 때는 그 일이 비록 작은 일일지라도 "이 일이 당신의 경력에 얼마나 큰 도움이 될지 생각해봐요. 이런 기회는 좀처럼 오지 않는다고요. 당신과 함께 작업을 하는 이들은 할리우드 최고들이란 말이에요"라고 한다. 의뢰인들은 대체로 자신의 역량보다 큰일을 원하기 마련이기 때문에, 에이전트는 의뢰인의 욕심과 현실의 괴리를 부드럽게 중재해주어야 한다. 말은 그렇게 하더라도 유능한 에이전트는 자신의 의뢰인이 도달할 수 있는 한계에 대해 냉철하게 인식하고 있어야 한다.

  할리우드의 제작비 상승의 가장 큰 원인을 인건비 상승 탓으로 돌리는 의견들이 많다. 그중에서도 특히 배우 출연료의 상승세는 매우 가파르다. 배우들은 서로 자존심 대결이라도 하는 것처럼 경쟁적으로 출연료를 높인다. 출연료 상승의 주요 요인 중 하나로 에이전시와 매니지먼트 시스템이 꼽힌다. 배우를 지원하는 이 두 시스템은 배우 수입의 일정 비율을 수수료로 받기 때문에 자연스럽게 출연료는 상승할 수밖에 없다는 것이다.

그럼에도 에이전시 시스템이 없이, 배우, 작가 등이 작업에 몰두하고 자신의 이미지를 상품화시키는 데 성공할 수 있었을지는 의문이 든다. 배후에서 작업을 하는 에이전트의 역할에 대해 제작 일선의 감독들은 불만을 표시하는 경우가 많지만, 에이전트의 전문성을 전제로 할 때 그들의 역할이 영화산업에 이로운 점이 있음을 인정할 수밖에 없다.

8장 천정부지의 스타 개런티

배우들은 좋은 배역을 맡고자 하는 열망이 있지만, 좋은 배역은 영화나 텔레비전 프로그램이 성공한 뒤에나 확인할 수 있을 뿐 대본상의 좋은 배역이 배우를 성공으로 이끈다는 보장은 없다.

6억, 연봉이 아니라 편당?

　주간지 《TV가이드》가 발표한 미드 스타들의 출연료를 눈에 띄는 대로 살펴보면, 2003년부터 CBS에서 방송을 시작한 <세 남자의 동거>에서 찰리 쉰은 2008년 한 해 동안 에피소드당 82만 5,000달러(약 8억 2,500만 원 이상)의 수입을 올렸다. CBS의 <CSI: 과학수사대>의 길 그리섬 반장 역의 윌리엄 피터슨은 에피소드당 60만 달러(약 6억 원 이상)를 받은 것으로 알려졌다. TV 시리즈에 출연 중인 여성 배우 가운데 최고의 출연료를 받는 배우로는 NBC의 <로앤오더(Law and Order)>에 출연한 마리스카 하지테이(Mariska Hargitay)가 에피소드당 40만 달러(약 4억 원 이상)를 받은 것으로 발표되었으며, 케이블 채널 TNT의 <클로저>에 출연한 카이라 세드윅(Kyra Sedgwick)은 에피소드당 27만 5,000달러(약 2억 7,500만 원 이상)를 받았다. 텔레비전 드라마 배우의 수입은 수백만 달러의 출연료를 받는 영화스타들과는 아직은 비교가 되지 않지만, 텔레비전 배우들은 한 해 12~25편 정도의 에피소드에 출연하니 총액을 놓고 보면 만만치 않다. 최고 수준으로 버는 영화배우들의 수입에는 미치지 못하지만 말이다.

　물론 그 돈을 배우가 다 가져가는 것은 아니다. 앞서 보았던 프로듀서나 작가, 감독의 경우와 별반 다르지 않다. 배우는 에이전트, 매니저, 변호사 등과 계약 관계에 있다. 텔레비전 산업 주변에서 프로덕션에 관여하지 않고 중계 및 중재 등을 통해 돈을 버는 영역들이 있다는 것도 앞서 살펴보았다. 배우가 받은 기본 출연료, 보너스, 참여 배당 등 모든 수입을 기준으로 일정 비율의 돈을 공제한다.

가상적인 계산을 한번 해보자. 한 편의 미드 에피소드에 출연한 주연 배우가 20만 달러를 받는다고 하면, 에이전트는 법적 규정에 따라 10퍼센트인 2만 달러를 공제하고 매니저가 15퍼센트인 3만 달러를 공제한다. 계약 관련 업무에 변호사가 깊이 개입하게 되면 5퍼센트인 1만 달러를 공제한다. 게다가 주연 배우들은 개인 메이크업이나 의상 코디 등을 고용하게 되는데, 이들에게는 수익 지분을 주지는 않지만 고용에 따른 비용이 발생한다. 각종 용도로 배우가 3명을 추가로 고용했다고 할 때, 2만 달러 정도 소요된 것으로 가정해보자. 그럼 벌써, '20만-(2만+3만+1만+2만)=12만(달러)'가 된다. 다른 부차적인 수입은 고려하지 않고, 한 해에 22편을 제작했다고 보면 264만(12×22) 달러가 된다. 다른 세제상의 공제는 개인차가 커서 알 수 없지만 편의상 50% 정도로 가정하면, 과세 대상 금액은 132만 달러가 된다. 그 정도의 소득을 가진 독신이라면, 연간 소득세를 약 39만 달러 정도는 내야 한다[미국 연방 소득세율에 따라 계산하면, 1만 6,000달러+(132만 달러×28%)≒39만 달러].

편의상 드라마 출연에 따른 수입만 계산했지만, 연간 수입은 이것이 다는 아니다. 보너스, 드라마 출연에 뒤따르는 인터뷰, 재방송, 토크쇼 출연, 광고 등의 수입이 발생할 것이고, 그에 따른 수입도 에이전트, 매니저, 변호사 등은 일정 비율로 공제한다.

미드에서 이 정도의 출연료는 주연에만 해당되는 이야기이지만 드라마 영역을 벗어나면, 드라마 주연과는 비교도 할 수 없을 정도의 높은 수입을 올리는 스타급 진행자들도 있다. 토크쇼 진행자인 오프라 윈프리는 자신이 진행하는 토크쇼 <오프라 윈프리 쇼>로 연간 3억 8,500만 달러(약 3,850억 원 이상)를 벌어들이는 것으로 알려져 있다. CBS에서 <데이비드 레터맨의 레이트 쇼>를 진행하고 있는 데이비드 레터맨은 연간 3,200만 달러(약 320억 원)를 받는다고 ≪TV가이드≫는 보도했다. 오프라 윈프리의 수입은 개인의 수입이라기보다는 작은 나라의 한 해 예산 규모처럼 보이기도 한다. ≪할리우드 리포터≫지는 그녀를 디즈니-ABC텔레비전 그룹 사장인 앤 스위니(Ann Sweeney)에 이어 2009년 미국 엔터테인먼트계에서 두 번째로 영향력 있는 여성으로 선정하기도 했다. 물론 다른 배우들과 달리 오프라 윈프리는 자신의 제작사에서 자신의 프로그램을 제작하고 있으며, 그녀 자체가 하나의 기업과 같으므로 그녀의 수입과 다른 배우들의 수입을 단순히 비교하기는 어렵다.

　　　이런 사실을 알고 나면 배가 아파서 미드 시청할 맛이 사라진다는 시청자도 있겠지만 어찌하겠는가? 그들의 수입은 시청자들의 소비력에 달려 있으니까 결국은 시청자들이 그들의 출연료를 간접적으로 지불하고 있는 셈이다. 그들이 출연한 드라마를 보는 대신에 출연료를 쪼개어서 세계의 시청자들에게 골고루 나누어준들 시청자들이 그 드라마를 볼 때만큼 행복해질까? 배우의 출연료 문제가 불거질 때마다 배우가 왜 그렇게 많은 출연료를 받아야 하는지 의문을 제기하는 측과 배우의 출연료는 시장에서 결정된 것이니까 인위적인 제약이 불필요하다는 측이 대립하곤 한다.

　　　필자가 UCLA에 머무는 동안 할리우드 현황에 대해 종종 이야기를 나누었던 한 현역 프로듀서는, 한국에서 제작비 중 배우 출연료의 비율이 어느 정도인지 물었다. 드라마에 따라 차이도 많고 제작사가 정확히 공개하는 사항이 아니라서 확실하지는 않지만, 한류스타가 출연하는 미니시리즈의 경우 최대 70퍼센트까지 이른다는 비판이 나오기도 했으니, 그 정도까지는 아니더라도 보통은 40~60퍼센트는 족히 될 것이라고 했다. 한국의 상황을 들은 그녀는 전혀 놀라는 기색이 없었다. 심지어 전체 제작비의 60퍼센트는 할리우드에 비해 결코 높은 게 아니라고 했다. 미드에서는 비스타급 주연을 캐스팅하여 비용을 줄이기도 하지만, 영화에서는 매우 심각하다고 했다. 또 미드 시리즈도 시즌1이 성공하여 시즌2로 넘어가게 되면, 주연의 출연료가 껑충 뛰어오른다. 에이전시의 입김과 그에 따른 배우 출연료의 상승, 출연료 외의 제작비 축소 등 우리나라의 드라마 시장과 할리우드의 미드제작 시장은 동일한 문제를 안고 있음을 확인할 수 있었다.

할리우드의 미디어기업은 1980년대 이후 M&A를 거쳐 거대화되고, 해외시장으로의 확장을 더 적극적으로 추진했다. 우리나라의 드라마도 1990년대 후반 이후 한류를 타고 아시아 시장으로 확대되었다. 이러한 해외시장의 성장 과정에서 드라마의 상업적 가능성은 배우 출연료의 가파른 상승을 자극했다고 볼 수 있다. 한 번 상승세를 탄 배우의 출연료는 작품성과 수익성에 긍정적 영향을 미치는 수준을 넘어서게 된 것으로 볼 수 있다.

영국에서도 테사 조엘 문화부 장관이 나서서 BBC 인기 연예인의 출연료 문제를 짚고 넘어가려고 하는 것을 보면, 연예인 출연료는 우리나라와 미국만의 문제는 아닌 듯싶다. BBC가 유명 진행자 조나단 로스

(Jonathan Ross)를 경쟁 방송사들로부터 확보하기 위해 수백만 파운드를 지급할 계획이라는 소문이 일자, 문화부 장관까지 나선 것이다. 특히 테사 조엘은 BBC의 높은 출연료가 다른 방송사들의 출연료에 영향을 주어 출연료 인플레이션을 조장할 것을 경계했다.[1]

배우와 스튜디오의 힘겨루기 역사

할리우드에서 배우와 스튜디오의 힘겨루기는 영화와 드라마 제작 관련 계약 과정에서 흔한 일이다. 할리우드 역사의 대부분의 기간 동안은 스튜디오가 계약을 주도했고, 정도의 차이는 있지만 지금도 대체로 그러하다. 그럼에도 할리우드 배우들의 계약 조건은 몇 가지 사건들을 거치면서 획기적으로 개선되어왔다.

그 첫째는 1944년 제정된 드 하빌랜드법(de Havilland law)으로 불리는 캘리포니아 노동규약 2855조이다. 이 규정은 고용자가 원치 않는 한 계약 기간을 7년으로 제한했다. 배우 올리비아 드 하빌랜드(Olivia de Havilland)가 스튜디오의 장기 계약에 대항, 소송을 제기하여 쟁점화한 계약 기간 제한 규정으로 할리우드에서 스튜디오와 배우의 계약에 중대한 영향을 미쳤다.

1 ≪동향과 분석≫ 2006년 4월 30일(통권 230호); *Guardian*, 2006, April, 4.

당시 스튜디오는 배우가 주어진 역할을 수용하지 않는다면 지급 없이 계약 기간이 보류된다는 계약 조항을 통해 배우를 통제하곤 했다. 즉, 보류된 기간만큼 계약 기간이 연장되었다. 올리비아 드 하빌랜드는 역할을 거절하면서 보냈던 25주간 계약을 연장하려는 스튜디오에 맞서 18개월간 투쟁하여 승리했다. 이처럼 배우에 전적으로 불리한 계약 조항은 1944년에 법적 구속력을 상실하게 되었다. 그때까지 대개의 배우들은 스튜디오의 역할 배정을 수용해야 했다. 그래도 몇몇 스타들에게는 두 번의 역할 거절이 허용되기도 했는데, 그런 경우에도 세 번째는 수용해야 했다.

파워메이커가 정리한 할리우드의 역사 자료들을 참고하면, 1948년에 5만 달러 이상의 연간 수입을 창출한 배우는 전체 SAG 회원 배우의 4.9퍼센트인 202명 정도이다. 그중에는 43만 달러를 벌어들인 험프리 보가트, 33만 달러를 번 베티 데이비스 등과 같은 고임금 스타들도 다수 있다. 이는 배우들의 세계에서 수입의 편차가 얼마나 극심한지를 보여준다. 1938년보다 1948년에 고소득 배우의 비율이 감소한 이유는 제2차 세계대전의 여파와 텔레비전 시대의 출발에서 찾아볼 수 있는데, 아직 TV 보급이 일반화되기 이전이므로 전쟁의 영향이 더 중요하게 작용했을 것으로 보인다.[2]

2 연도별 데이터의 수입 구간 차이로 추정치를 사용함. 1938년 SAG 자료(Leo C. Rosten, *Hollywood: The movie colony, the movie makers*, New York: Harcourt, Brace and Company, 1941); 1948년 SAG 자료(H. Powermaker, *Hollywood the dream factory: An anthropologist looks at the movie-makers*, Boston: Little Brown and Company, 1950).

둘째, 배우의 활동 여건 개선을 이야기할 때 SAG에 대해 언급하지 않을 수 없다. 1940년대까지 할리우드 배우들은 대체로 스튜디오가 계약 옵션과 다른 스튜디오로 배우를 대여(임시 출연)하는 권한을 갖는 것을 불가피한 일로 수용했다. 배우들은 이런 현실에 대해 분노했지만 적극적으로 투쟁하지는 않았다. 그런 와중에도 SAG는 계약 기간을 줄이려는 시도를 계속했으며, 일부 스타급 배우들은 유리한 조건의 계약을 성사시키곤 했다. 미국 영화산업은 SAG 등과 같은 길드 조직을 통해 조합화되어 있는 한편, 미국의 일반적 노동자들이 거부하고 있는 근무 조건을 수용하는 모순을 보여준다.

서구사회에서는 노동조합이 없이 조합화되어 있지 않는 대학교수의 경우도 종신교수제(tenure)를 통해 일정한 자격 심사 후에 고용을 안정적으로 보장받았고 자유롭게 그만둘 수 있었다. 이에 비해 영화배우들은 이러한 기본적인 보장을 받지 못하고 있었다.[3]

그렇기는 하지만 그 대신 영화배우들은 사실상 당시 다른 직업들에 비해 높은 보수를 받고 있었다. 스튜디오는 계약한 영화배우들에게 연간 40주의 작업을 보장하거나 혹은 작업이 있건 없건 간에 그 기간에 해당하는 보수를 지급하는 등의 보상도 주고 있었다.[4]

셋째, '1948년 할리우드 반독점 소송건(Hollywood Antitrust Case of 1948)' 혹은 '반독점 파라마운트 법령(antitrust paramount decree)' 등으로

---

[3] H. Powermaker, *Hollywood the dream factory*, p.215.
[4] H. Powermaker, *Hollywood the dream factory*, p.215.

알려진 사건이다. 이 규정은 스튜디오와 극장의 수직 결합적 경영을 금지함으로써 미국 영화산업에서 스튜디오의 절대적 영향력에 대해 견제했다. 1940년대 중반에는 할리우드 스튜디오가 미국 극장의 17퍼센트의 지분을 가지고 있었고, 전체 극장 매출의 45퍼센트를 차지했다.

넷째, 최근 일부 스타들은 미니 스튜디오를 운영하기 시작했고, 스튜디오가 배우에 대해 가졌던 힘의 우위는 무너져갔다. 스타는 고정된 보수에 만족하지 않고, 영화로 인한 총수입의 지분을 갖고자 했다. 또 SAG 다음으로 큰 규모로 7만 명의 배우와 프라임타임 TV쇼에서 일하는 사람들을 회원으로 가진 AFTRA(The American Federation of Television and Radio Artists)는 배우들의 노동 조건에 대해 2008년 스튜디오들과 협의서를 작성하기도 했다.[5]

배우의 상품 가치

배우란 어떤 존재인가? 배우가 어떤 존재인지를 묻는 질문은 주로 배우의 정체성 혹은 직업관에 관한 대답을 유도하지만, 이 책에서 이 질문은 배우의 상품적 특성에 대한 것이다. 텔레비전 시청자와 영화 관객에게 꿈을 제공하는 존재인 배우를 상품이라고 칭하는 것에 대해 배

[5] www.dowjones.com.

우들은 물론이고 관객들도 동의하고 싶지 않을 것이다. 이런 저항에도 배우들의 가치를 책정하는 문제를 다루기 위해서는 배우라는 상품의 특성을 이해해야 한다.

"배우가 연기하고 있지 않을 때는 단지 반쯤만 살아 있다"라는 말은 배우의 가치에 대한 중요한 점을 말해주고 있다. 배우에게 연기를 한다는 것은 존재감을 의미하기 때문에 아마도 그의 전부를 의미할 것이다. 돈을 벌기 위해 배우가 된 것이 아니라고 하더라도, 연기 활동을 통해 돈을 벌지 않아도 좋다고 말할 수 있는 배우는 드물 것이다. 다수의 배우에게서 금전적 보상은 크지 않으므로 출연료는 배우로서의 가치 평가 척도이기보다는 생계 수단을 의미하는 반면, 극도로 높은 보상을 받는 소수의 배우들에게 금전적 보상은 생계보다는 자신의 가치를 평가하는 척도이다. 물론 할리우드의 모든 직종에 적용되는 이야기이지만, 배우라는 직업에서는 양자 간의 금전적 보상의 의미가 특히 극단적 차이를 보인다. 배우들의 인건비를 책정하는 계약 관행은 양 극단에 대해 별도로 전개되어왔다.

배우의 인기에는 참 묘한 점들이 있다. 영화평론가들과 연예신문 기자들은 인기 배우의 매력을 분석하는 글을 쓰곤 하지만, 그것은 그 배우가 이미 인기를 얻은 다음에 인기의 배경을 역으로 추적하는 작업일 뿐이다. 그렇게 추리해본 배경들이 배우의 인기를 예측케 하지 않을 뿐 아니라, 전혀 반대의 상황이 발생할 수도 있다.

배우 또한 스스로의 인기를 통제하는 데는 한계가 있다. 배우 그리고 그를 관리하는 매니지먼트사와 매니저는 배우의 인기를 유지하고 높이는 데 열중하지만, 언제나 마음먹은 대로 되는 것은 아니다. 연기자로서의 능력을 갖춘 배우에게 성공과 금전적 보상이 언제나 주어지는 것도 아니다. 배우들은 좋은 배역을 맡고자 하는 열망이 있지만, 좋은 배역은 영화나 텔레비전 프로그램이 성공한 뒤에나 확인할 수 있을 뿐 대본상의 좋은 배역이 배우를 성공으로 이끈다는 보장은 없다.

    이러한 이야기들은 배우의 가치를 평가하는 일이 간단한 일이 아님을 말해준다. 배우는 자신의 가치를 과거의 경험에 비추어 평가한 다음, 그 평가된 가치를 미래의 작업과 관련한 계약에 반영하고자 한다. 스튜디오 역시 배우들의 이력에 기초하여 미래의 성공 여부를 예측한다. 물론 다른 직업에 종사하는 이들의 가치를 평가하는 일도 쉬운 일은 아니지만, 인기라는 불확실한 기준으로 인해 배우의 가치는 측정하기가 더욱 어려운 면이 있다.

    텔레비전 드라마 배우의 가치는 시청자의 크기와 질에 달려 있다. 여기서 시청자의 질이라 함은 시청자의 소비 수준을 의미한다. 예를 들면, 한류 드라마 시장은 인구가 많은 중국을 포함하고 있지만, 중국에서 저가에 거래되고 있는 관계로 해외시장 수입의 60~70퍼센트 정도는 여전히 일본 시장으로부터 나온다. 그런 의미에서 시청자의 크기뿐 아니라 질도 고려의 대상이 된다는 말을 한 것이다.

    그런 이유로 미드 배우의 출연료에 비해 우리나라 배우들의 출연료는 소박한 수준일 수밖에 없다. 미드에 출연하는 배우들은 대개는 영화스타들이 아니라 무명의 배우에서 주연으로 캐스팅된 경우가 많다. 이는 할리우드가 미드에서 출연료를 줄임으로써 제작비를 줄이려는 노력의 결과다.

그럼에도 미드 주연 배우의 출연료는 우리의 배우들과 비교가 되지 않는다. 미드와 우리나라의 드라마 시장 규모가 다르니 어쩔 수 없다. 즉, 우리나라 드라마와 미드의 시청자 크기와 질(소비력)이 다르므로, 우리나라 배우의 출연료는 우리나라 시장의 규모와 제작 규모를 고려해서 평가해야 한다.

최근 우리나라에서는 드라마 배우 출연료의 상승과 관련한 이야기들이 보도되곤 했다. 배우의 출연료 상승은 우리나라 방송가에 팽배해 있던 드라마 위기론, 외주제작제도에 대한 개선 요구 등과 맞물려 더욱 뜨거운 쟁점으로 변해갔다. 한국드라마PD협회와 드라마제작사협회 등은 한때 특정 배우들에 한 해 회당 5,000만 원을 넘기도 했던 드라마 주연 배우의 출연료를 제작비 상승의 주요 원인으로 지적하며, 회당 1,500만 원을 상한선으로 제시하기도 했다. 드라마제작사협회는 지난해 말 회원사들에 보낸 「제작비 항목별 상한액 추천 안내」라는 문서에서 주연의 출연료를 회당 1,500만 원으로 권고하며 배용준, 장동건, 이병헌, 송승헌, 권상우, 원빈, 소지섭 등에 대해서는 특별대우가 가능하다고 권고해 매니지먼트사들로부터 반발을 사기도 했다. 출연료 상한액 및 일부 한류스타에 대한 특별대우 등에 대해서는 아직도 논란이 있지만, 연기자들의 드라마 출연료는 현재 다소 줄어들었다. 물론 권상우, 송승헌, 고현정 등 스타들은 자발적으로 회당 출연료 1,500만 원 상한선 방안에 동참하겠다는 발표를 하기도 했다. 그럼에도 <아이리스>(태원엔터테인먼트 제작, 2009년 하반기에 KBS2TV 방송)와 같이 대규모 투자가 이루어지고 기획부터 해외 판매를 목적으로 둔 드라마의 경우에는 주연 배우들의 출연료가 얼마였는지에 관심이 모이기도 했다.

스타는 흥행을 보장하는가?

드 베니와 월스는 제작비, 상영 기간, 장르, 스타(배우, 감독, 작가, 제작자), 등급 참여 여부와 흥행 수입의 관계를 살펴보며, 흥행 위험 부담을 줄이는 연구를 했다.6 1940년대 갤럽사의 ARI(Audience Research Incorporated)는 스타 출연 여부가 영화 흥행에 16퍼센트 정도 영향을 미친다고 분석했고,7 개리슨은 1960년대 후반 62편의 영화를 분석한 뒤 여자 스타에 한 해 출연 여부가 흥행에 다소 긍정적인 영향을 미친다고 보았다.8 1940년대 갤럽사의 자료를 다시 회귀 분석한 킨뎀은 스타의 출연 여부가 흥행 결과의 26퍼센트까지 설명한다고 했다.9 리트만은 영화 흥행을 결정하는 구조적 요인으로 창조, 배급 유통, 마케팅의 영역으로 나누어 설명했으며,10 리트만과 콜,11 리트만 등은 비평가 평론, 영화시장 내 경쟁 정도를 흥행 요인으로 강조했다. 김은미는 리트만이 언

---

6 A. De Vany & W. Walls, "Uncertainty in the movie industry: Does star power reduce the terror of the bow office?," *Journal of Cultural Economics*, 23(1999), pp.285~318.
7 B. Austin, "Motivations for movie attendance," *Communication Quarterly*, Vol. 34, No. 2(1986), pp.115~126.
8 L. Garrrison, *Decision progresses in motion picture promotion: A study of uncertainty* (Ph.D. Dissertation, Stanford University, 1971).
9 G. Kindem, *The business of motion picture* (Carbodale, Southern Illinois University Press, 1982).
10 B. R. Litman, "Predicting success of theatrical movies: An empirical study," *Journal of Popular Culture*, 16(1983), pp.159~175.
11 B. R. Litman & L. S. Kohl, "Predicting financial success of motion pictures: The '80s experience," *Journal of Media Economics*, Vol. 2, No. 2(1989), pp.35~50.

급했던 창조, 배급, 마케팅과 홍보의 세 영역에 경쟁의 측면을 추가하여 흥행의 성과를 예측하는 경험적 모델을 제시한 바 있다.12

스타 시스템은 관객의 관심이 스토리나 연기의 질과 같은 비가시적인 측면으로 가는 것을 차단하고 가시적인 측면에 집중할 수 있도록 하는 독특한 힘을 가지고 있다. 할리우드 스튜디오는 스타 시스템의 속성을 잘 이해하고 있었으며, 이를 성공적으로 활용했다. 스타 시스템은 영화 속의 인물들에 대한 고정관념을 제공함으로써 관객이 더 쉽게 영화의 이야기를 이해할 수 있게 해주었다. 또한 스타 시스템은 한 편의 영화에 대한 관객의 관심이 시들해지더라도 그 영화에 출연한 스타에 대한 관심과 애정은 적어도 한동안은 증폭되어간다는 사실을 확인시켜 주었다. 이러한 사실은 스튜디오로 하여금 영화를 제작할 때 스타를 통한 수입을 적극적으로 고려하게끔 했다. 스튜디오는 영화뿐 아니라 스타를 동시에 창조해냈고, 스타는 영화에 출연할 뿐 아니라 삶 속에서도 스타로 남아 있어야 했다.

스타의 영향력이 커지면서, 스타는 일반적인 다른 배우들과는 구분되는 독특한 영역으로 자리를 잡아갔다. 이 점에 대해 동의하지 않으려는 일부 영화 애호가들의 저항이 예상되지만, 스타의 계약 조건, 예우, 보수 등을 볼 때 명백히 다른 배우들과 구분되고 있다.

스타는 산업화의 산물이다. 스타의 이미지는 대중 소비자들이 어

---

12 김은미, 「한국영화의 흥행결정요인에 관한 연구」, ≪한국언론학보≫ 제47권 2호 (2003), 190~220쪽.

디에서든 쉽게 적은 돈으로 소비할 수 있도록 정교하게 만들어진다. 스타는 영화관에서 소비되기도 하지만, 광고 이미지로 소비되기도 하고, 신문과 잡지의 뉴스거리, 인터넷 포털의 기사와 이미지 등으로 소비되기도 한다. 스타는 신문, 라디오 등의 매스 미디어의 성장과 함께 그 영향력이 증폭되었고, 텔레비전 시대에 이르러서는 극대화되었다. 스타의 이미지는 영화관뿐 아니라, 텔레비전이라는 유통망을 통해 전 세계의 시청자들에게, 전 세계의 소비자들에게 짧은 시간에 저렴한 단가로 유통되었다. 이는 맥도날드와 코카콜라가 인종, 종교, 문화를 넘어서 전 세계의 소비자들에게 소비되고 있는 것과 흡사하다.

스타의 위상이 극장영화 시대에서 텔레비전 시대로 넘어오면서 위축되는가 싶더니, 글로벌 텔레비전 시대에 다시 높아졌다. 이는 상품적 가치의 변화에 따른 결과이다. 그런데 최근 인터넷 시대에 접어들어 새로운 변화들이 일어나고 있다.

이제 누구나 스타가 될 수 있는 시대가 되었다. 미디어가 더 발전한 인터넷 시대에는 일반인들도 UCC나 개인 블로그를 통해 하루아침에 유명인이 되는 경우도 있으며 네티즌들이 스타의 개인 블로그나 카페에 직접 방문할 수도 있어, 스타의 위상이 과거와 같지는 않다. 블로그 작가, 유투브에서의 연주자 등이 아마추어들의 장기자랑 수준을 넘어 오프라인의 기성 문화시장으로 흡수되어가고 있음을 우리는 드물지 않게 목격하고 있다.

또 젊은 세대들은 텔레비전을 떠나서 인터넷과 모바일 미디어로 이동 중에 있다. 아직은 소비층이 텔레비전을 지키고 있기 때문에 할리우드 스타의 몸값이 하늘 높은 줄 모르고 치솟고 있지만, 텔레비전을 시청하는 소비층이 주된 소비층에서 밀려날 때가 되면, 지금과 같은 할리우드 스타로는 소비층을 잡을 수 없을지도 모른다. 물론 할리우드의 체계적인 시스템이 새로운 변화에 맞추어 스타를 생산해내겠지만, 지금과는 다른 양상이 펼쳐질 것으로 보인다.

9장 파일럿, 아직은 절반의 성공

파일럿까지 제작되었다면, 물론 아직 갈 길이 멀긴 하지만, 그래도 이미 성공에 상당히 가까워졌다고 할 수 있다. 왜 그렇게 말할 수 있는지 할리우드 제작시장을 들여다보면 알 수 있을 것이다. 방송 대본을 쓰겠다는 작가들은 로스앤젤레스에 넘쳐난다. 이들은 연간 10만 개 이상의 대본을 생산해낸다.

Peil-Loth

　　언론학과 수업에서 대학생들, 특히 1학년 학생들에게 파일럿 제작을 언급하면서 파일럿이 무슨 뜻이냐고 질문하면 학생들은 선뜻 대답을 못한다. 질문에 뭔가 함정이 있을 것이라고 생각한 것이다. 파일럿이란 말을 정말로 처음 들어봤냐고 다시 물어보면, 그제야 학생들은 자신들이 함정을 너무 의식한 게 아닌가 하고 대답을 하기 시작한다. "비행기 조종사요." 학생들은 모든 것을 예상했음에도 교수의 함정에 걸려들게 되고, 오늘 우리가 배우고자 하는 파일럿은 항공기 조종사와 다른 의미임을 알게 된다. 프로덕션이 네트워크나 방송사와 시리즈 계약을 하기 위해서 샘플로 제시하기 위해 제작한 작품을 파일럿이라고 한다. 네트워크와 방송사는 파일럿의 평가를 통해서 해당 프로그램의 편성을 결정한다.

　　일반적으로 항공기 조종사를 뜻하는 파일럿이 어떻게 시험 제작이라는 전혀 다른 의미를 가지는가? 어원의 추적은 영어어원사전을 통해서 확인해볼 수밖에 없는데, 언어의 기원은 의미, 소리, 글자 외형 등에 근거하다 보니 여러 가지 설이 가능한 것 같다.

　　웹스터 영어사전에 따르면 영어의 pilot은 그리스어 pēdon에서 나왔다. 이 말은 배를 움직이고 방향을 조정하기 위해 사용하는 노(영어로는 oar)를 뜻한다. pēdon의 복수형인 pēda가 중세 그리스어에서 pēdōtēs가 되고, 이것이 이탈리아에서 pedota가 되었다가 pilota로 변형을 겪는다. 이 pilota가 다시 중세 프랑스어에서 pilote로 바뀌는 등의 변화를 겪으면서 현대 영어의 pilot이 된다.¹ 여기까지 보면, 이 책에서 말하고자 하는 파일럿의 의미가 명료하게 다가오지 않는다.

또 다른 어원설로는 영어의 파일럿이란 말이 고대 프랑스어인 piloter/pilotier, 중세 네덜란드어인 peylloot/peilloot와 독일어 peil-loth 등에서 왔다는 견해가 있다. 이는 수심을 측정한다는 뜻의 네덜란드어 peilen과 납을 뜻하는 네덜란드어 lood, 혹은 같은 뜻의 독일어 peilen과 loth가 결합한 형태로 보고 있다. 이는 물 속에 수직으로 줄을 묶어 늘어뜨려 수심을 측정하는 납(a sounding-lead)을 뜻하고 있어서, '측정해보는', '시험적인' 등의 뜻으로 사용된다.² 이제 파일럿의 의미가 좀 더 와 닿는 듯하다.

파일럿은 현대 영어에서 상당히 다른 두 의미로 사용되지만, 어원으로 볼 때 둘 다 항해와 관련되어 있다. 전자는 물 속에서 배를 움직이고 방향을 잡는 노를 의미하고, 후자는 수심을 측정하기 위해 물 속에 떨어뜨린 납덩이, 즉 측심연을 의미한다. 노와 측심연 둘 다 강을 타고 배를 운행하던 시절에 필수적인 것들이었다. 현대영어에서 파일럿은 그 두 어원에 기초한 의미를 모두 포함하여, 도선사, 항공조종사, 수심

---

1 Middle French pilote, from Italian pilota, alteration of pedota, from Middle Greek *pēdōtēs, from Greek pēda steering oars, plural of pēdon oar.
2 www.wordnik.com에는 웹스터사전의 어원에 덧붙여 다음과 같이 설명이 되어 있다. …… old French piloter, pilotier, "to sound the depth of water with a line and plummet"(Cotgrave), from Middle Dutch *peylloot, *peilloot, Dutch peillood, a sounding-lead(=German peil-loth, sounding-lead, plummet), from peylen, pijlen(Kilian), Dutch peilen(=German peilen, take soundings)+loot, Dutch lood=German loth=English lead).

을 측정하는 납덩이, 네트워크에 제안하기 위해 제작된 텔레비전 프로그램 샘플, 본 연구를 설계하기 전에 실시하는 시험적인 연구 등의 뜻으로 사용된다. 이 책에서 사용한 파일럿과 필자가 수업시간에 학생들에게 질문한 파일럿의 의미는 어원상으로 볼 때, 노나 항해사와 무관하지는 않지만 측심연의 의미에 더 가깝다고 볼 수 있다.

미드 생산 과정에서 파일럿은 창작자나 프로듀서가 생각하고 있는 스토리가 실제로 어떻게 표출되는지를 가시적으로 보여주기 위해 제작된 샘플 에피소드이다. 파일럿으로 대개 한 편의 에피소드가 제작되지만, 어떤 경우에는 두 편이 제작되기도 한다. 파일럿에는 창작자나 프로듀서가 추구하는 시리즈의 기본 개념, 분위기, 배경, 주요 인물의 성격, 인물 간의 관계 설정, 구성과 전개 방식, 촬영기법 등이 함축적으로 전달되어야 한다.

샘플이라고 해서 약식으로 제작되는 것이 아니다. 방송이 결정되면 (경우에 따라서는 추가 촬영이 있을 수도 있지만) 후반 작업(음악, 더빙, 효과 등의 편집 작업)만 다시 해서 그대로 첫 번째 에피소드로 방송될 수 있도록 완제품을 제출하는 것이 보통이다. 파일럿 작업에는 뜻하지 않았던 일들도 발생하고, 진행 중에 인물 성격의 설정과 관련해서 다소의 조율이 있을 수도 있다. 소품이 추가될 수도 있고, 대사 수정이 있을 수도 있다. 또 파일럿에 참여한 배우와 제작팀은 파일럿의 편성 채택 여부가 결정될 때까지 기다려야 하므로, 인건비도 1.5 내지 2배 정도 더 받는다. 그 외 다른 비용도 마찬가지이며, 제작 시간도 2배 이상 소요되므로 네트워크, 스튜디오, 제작팀, 배우 모두에게 파일럿 제작은 대단히 신중하게 진행되어야 하는 일이다.

파일럿의 진행

　　미드의 파일럿 작업은 스튜디오 단독으로 진행하여 최종 결과물을 가지고 네트워크와 거래를 하는 것이 아니라, 스튜디오와 네트워크의 조율을 통해 이루어진다. 파일럿이 제작되는 가장 중요한 이유는 이 작품이 네트워크의 프로그램으로 편성될 만한 작품인지를 평가받는 것이다. 가을 시즌에 어떤 네트워크 편성에 포함되려면, 적어도 1년 전 7월경부터 아이디어를 개발하면서 네트워크 담당자와 접촉을 시도해야 한다. 이런 작업을 셋업(setup) 혹은 피치(pitch)라고 부르는데, 이 작업이 마무리가 되어야 비로소 더 자세한 스토리와 예산을 포함한 아웃라인을 발표할 기회를 얻을 수 있다. 네트워크 담당자와 아우트라인에 대한 협의가 이루어지면, 초고 작업에 들어간다.

　　네트워크의 초고 주문이 있으면, 예정 편성 시즌의 한 해 전 11월 중순까지 원고를 접수하게 된다. 거기에서 좋은 평가를 받아야 파일럿 제작이 가능해진다. 파일럿의 제작은 대체로 편성되는 해의 3월경에 착수한다(가을 편성 기준). 파일럿이 성공하여 시리즈 계약을 하게 되면, 편성 시즌이 있는 해의 6~7월경부터 그 다음 에피소드의 촬영이 시작된다. 제작된 파일럿들 중에서 신규 시리즈로 편성되는 것은 1~2편이며, 이후에 후속 시즌이 편성되는 경우는 그중에서도 극소수다.[3]

3　R. D. Valle, *The one-hour drama series*, pp.15~17.

파일럿은 일단 평가의 대상에 포함된 작품이 더 개선되기 위해 어떤 점들이 보완되어야 할지를 판단하기 위한 과정으로서도 기능한다. 많은 경우에 파일럿이 긍정적인 평가를 받고 네트워크와 계약을 하게 되면 처음 한두 편의 에피소드로 방송되지만, 경우에 따라서는 많은 부분이 다시 제작되기도 한다. 타이틀도 네트워크와의 협의를 통해 수정될 수 있으며, 배우나 촬영지가 바뀌기도 한다. 그럴 경우 불가피하게 재촬영이 부분적으로 이루어질 수밖에 없다.

그중에서 가장 바꾸기 힘든 것은 주연 배우이다. 주연 배우를 바꾸겠다는 것은 처음부터 다시 촬영하겠다는 의지를 보이는 것이며, 촬영뿐 아니라 대본 수정도 있어야 하고, 어쩌면 조연급 배우도 바뀔 수 있는 일이 된다. 이쯤 되면 실패에 가까운 파일럿이라고 볼 수 있다. 그래서 파일럿에서 주연 배우의 캐스팅은 매우 중요하며, 길고 피곤한 협상과 거래가 요구된다. 주연 배우의 캐스팅에는 네트워크가 강하게 개입하기도 한다. 프로듀서, 감독, 작가(창작자), 네트워크의 담당자가 쉽게 합의에 이르는 경우도 있지만, 갈등을 일으키는 경우가 더 많다. 프로듀서는 자신이 하고 있는 프로젝트의 성격과 목적에 대해 충실하게 그리고 냉정하게 판단할 수 있어야 한다. 네트워크의 의견을 따라 캐스팅했다가 작품이 실패해도 그 책임은 프로듀서에게 있지 네트워크에 있지 않다. 프로듀서는 네트워크의 의견을 무조건 수용하는 것이 아니라, 자신의 의견과 신념을 설득할 수 있는 자신감과 능력을 가져야 한다. 물론 좋은 의견에 귀 기울일 줄 아는 유연함도 가져야 한다. 프로듀서의 역할이 다채롭다 보니, 업계는 프로듀서에게 한 인간이 다 갖기에는 너무 다채로운 능력들을 요구하기도 한다.

파일럿을 위한 캐스팅 시점에 시리즈를 위한 계약이 체결되지 않기 때문에 배우들이 2편 이상의 파일럿에서 작업하는 일이 발생할 수도 있다. 이를 법률적으로 막기는 어렵다. 어차피 누구도 미래를 보장해줄 수 없기 때문이다. 이로 인해 촬영 스케줄을 잡기가 여간 어렵지 않다. 물론 미드에 대형 스타들이 줄줄이 출연하는 것은 아니기 때문에 겹치기 촬영이 그렇게 많이 일어나는 일은 아니지만, 몇 명만 일정이 맞지 않아도 난감해지는 것이 촬영이다. 제작팀은 일정이 가능한 배우들의 조합을 고려하여 촬영 순서를 조정함으로써 배우들의 일정에 협조해주는 것이 관행이다.

과거에는 영화배우들이 텔레비전 드라마에 출연하는 것을 꺼려했다. 다소 격이 다른 일이라고 생각했고, 영화처럼 한 편의 작업으로 일을 종료하고 다른 일을 찾거나 쉬고 싶어 했다. 텔레비전 드라마의 출연을 결정하게 되면 시리즈가 끝날 때까지 계속 촬영이 이어지기 때문에 때로는 몇 년간 같은 배역을 계속하는 경우도 있다. 영화배우들에게 이런 식의 촬영 일정은 매력이 없게 받아들여졌을 수도 있다. 그래서 영화배우와 미드배우는 다소 구분되는 영역이었다.

파일럿에 참여하는 배우들은 기본 에피소드 보수의 150~200퍼센트 정도를 받게 된다. 파일럿이 채택되어 편성이 결정될 때까지 배우들이 다른 계약을 하지 못하고 기다려야 하니, 그에 따른 수당이 포함된 것이다.[4] 그런데 2000년대 들어 미드의 시장이 미국뿐 아니라 해외시장에서도 커지고 있으며, 제작 규모도 현저히 커져서 영화배우들도 미드 배역을 쉽게 거절하지는 않는다. 배우들의 변화도 영화 프로듀서들이 미드 프로듀서를 맡고 영화감독들이 미드 제작에 가끔 참여하기도 하는 것과 같은 맥락에서 보면 된다.

지상파 네트워크와 케이블 네트워크는 편성 방법이 다르므로, 스튜디오나 독립제작사의 접근은 다소 차이가 날 수밖에 없다. 지상파 네트워크는 주시청시간대에 새로운 드라마 시리즈가 편성될 수 있는 타임슬롯(time slot)이 제한적이다. 지상파 텔레비전 주시청시간대는 보통 8시에서 11시 사이를 말한다. 일요일은 7~11시로 볼 수 있다. 우리나라 지상파방송의 드라마 방송 시간대와 거의 일치한다. 네트워크는 좋은 아이디어라 하더라도 우선순위에서 밀리는 아이디어는 신규 프로그램으로 편성할 타임슬롯을 발견하지 못하기도 한다. 그런 작품들은 할 수 없이 '중간 시즌(mid-season, 대개 1~2월)'에 편성되기도 한다.

지상파 네트워크의 전통적인 편성은 시즌별로 바뀐다. 미드의 새로운 시리즈는 주로 9~10월에 시작하는 가을 시즌에 시작된다. 한 해 전부터 진행되던 파일럿 중에서 네트워크별로 2~3편 정도가 신규 편성되는데, 타임슬롯을 발견하지 못해 그때 편성되지 못했던 시리즈 중에는 1월에 시작하는 겨울 시즌에 편성되기도 한다. 10여 편이 제작된 시리즈는 겨울에 시작해서 봄 시즌까지 방송된다. 봄 시즌에는 신규 편성이 드문 편이며, 다음 해를 위한 파일럿이 방송된다. 에피소드가 20편

4 R. D. Valle, *The one-hour drama series*, p.21.

이상 제작된 시리즈의 경우는 가을에 시작해서 봄까지 계속된다. 슈퍼볼, 아카데미 시상식, 선거, 연말 특집 등으로 결방되는 주들이 발생한다. 여름 시즌에는 가을 시즌, 중간 시즌 등에 편성되었던 시리즈들이 재방송된다. 최근에는 다른 방송들이 신규 시리즈를 내놓지 않는 시즌을 틈타 새로운 시리즈를 편성하는 등 좀 더 다양한 편성 전략들이 채택되고 있다.

그에 반해, 케이블 네트워크에서는 프로그램의 길이나 편성 시간대가 그다지 중요하지 않다. 지상파 네트워크의 프로그램이 광고시간에 의해 구성까지 영향을 받지만, HBO 같은 네트워크는 광고를 하지 않으므로 프로그램 길이의 제약으로부터 꽤 자유롭다. 또한 같은 프로그램이 시간대를 달리하면서 재방송되는 순환 편성이 이루어지기 때문에 타임슬롯은 크게 중요하지 않다. 새로운 시리즈를 구입하면, 초방은 주요 시간대에, 재방은 그 다음 비중의 시간대에 편성하는 방식을 취한다. 결국 네트워크와의 거래에서 적절한 타임슬롯을 발견하지 못한 드라마 시리즈는 다른 지상파 네트워크나 독립방송사뿐 아니라, 케이블 네트워크와 거래를 시도한다.

편성된 시리즈의 파일럿은 후반 작업(종합 편집, 믹싱, 자막 등의 작업)을 다시 해서, 첫 번째 에피소드로 사용하는 것이 일반적이다. 그러나 모든 파일럿이 시리즈로 제작되는 것은 아니어서 일회성 작업으로 끝나버리는 경우도 있다. 그렇기 때문에 파일럿은 제작비뿐만 아니라 캐스팅 비용도 많이 들어간다. 물론 성공적으로 시리즈 제작에 들어간다면 캐스팅된 중심 배역들은 그대로 참여하는 경우가 대부분이기 때문에 지속적인 출연과 수입이 보장된다. 네트워크에 의해 시리즈로 편성된 파일럿의 프로듀서, 감독, 작가 등에게는 보너스가 주어지기도 한다.

파일럿에서 음악은 최종본을 제작할 때 다시 작업할 수 있기 때문에 음악이나 효과 등에 대해서는 저작권을 지불하지 않고 기존의 것을 그대로 사용한다. 파일럿 작품은 시장에 공개되는 것을 전제로 하지는 않기 때문에 저작권 침해의 경우에 해당하지 않는다. 시리즈 제작에 들어가는 작품은 파일럿에서 이미 사용한 음악이나 효과 등의 저작권 문제를 해결하거나 새로이 의뢰해서 제작해야 한다.

오락 쇼 프로그램이나 정보성 쇼 프로그램 등은 파일럿 제작 이후 계약이 이루어지면, 네트워크의 요구와 상황에 따라 제목, 구성, 캐스팅, 음악, 효과, 세트 등 거의 대부분의 프로그램 요소들이 수정될 수 있다. 예를 들면, <닥터 하우스>는 주인공 닥터 그레고리 하우스(휴 로리)의 이름을 따서 지은 제목인데, 원래 파일럿의 제목은 <Everybody lies>였다.

2008년경 이래 파일럿 제작에 그렇게 큰 비용을 들이지 않는 경향이 생겨나기 시작했다. 애니메이션 스토리보드(animated storyboard)나 짧은 데모를 통해 아이디어를 제시하는 경향이 나타나기 시작했다. 애니메이션 스토리보드는 3D 애니메이션을 이용해서 카메라워킹 등을 자유롭게 가상적으로 시뮬레이션 해볼 수 있는 방법이다. 그러나 여전히 고예산 드라마의 편성에서 파일럿을 보지 않고서 결정할 네트워크 담당자가 있을지는 모르겠다.

사진 9.1 할리우드 중국극장 앞에서의 영화촬영 ⓒ 임정수
주: 할리우드 곳곳은 영화, 드라마, 뮤직비디오 등의 촬영으로 늘 붐비고 한쪽 도로의 통행이 통제되는 일이 잦다.

파일럿, 절반의 성공

파일럿까지 제작되었다면, 물론 아직 갈 길이 멀긴 하지만, 그래도 이미 성공에 상당히 가까워졌다고 할 수 있다. 왜 그렇게 말할 수 있는지 할리우드 제작시장을 들여다보면 알 수 있을 것이다. 방송 대본을 쓰겠다는 작가들은 로스앤젤레스에 넘쳐난다. 이들은 연간 10만 개 이상의 대본을 생산해낸다. 그중 프로듀서가 검토하는 대본은 1만 개 정도라고 보면 된다. 또 그중에서 250~350개만 대본의 수정 및 아이디어 개발 작업이 추진된다. 그중 25~35개 이하만 파일럿이 제작된다.

파일럿 제작 작업에 착수한다는 것 자체가 대단한 일이라고 할 수 있다. 한 시간짜리 프로그램의 파일럿에는 대략 300~700만 달러(30~70억 원)가 소요된다. 파일럿에 실로 엄청난 제작비가 소요된다는 것을 알게 되면, 이 정도의 검증 과정을 거치면서 파일럿에 이르렀다는 것이 그리 이상해 보이지 않는다. 전투 신과 CG(컴퓨터그래픽)작업들을 다량 포함한 우리나라 방송 사극이 한 시간짜리 한 편에 2억 원 정도 투입된다는 사실을 볼 때, 미드의 파일럿은 엄청난 규모이다.

미드 시장에서 연간 10만 개의 대본이 제작되고 100개의 파일럿이 제작되었다고 한다면, 100/100,000으로 0.1퍼센트만이 성공의 후보 위치까지 도달했다는 것을 의미한다. 냉혹한 현실이지만, 파일럿들 중에서 30개 안팎만 실제로 방송에 편성된다. 그런데 더욱 놀라운 것은 파일럿들 중에서도 10~15개 정도의 작품만 시리즈로 제작된다는 점이다. 네트워크별로 2~3개 정도가 된다. 그중에서도 시즌2, 시즌3 등으로 이어지고, 스핀오프 시리즈가 제작될 만큼 인기를 얻을 수 있는 작품이 하나 나오기는 쉽지가 않다. 스핀오프는 최초 시리즈가 성공할 경우에 기본적인 틀은 유지하면서도 세트를 바꾸어 새로운 시리즈를 제작하는 것을 말한다.

두 번째 에피소드는 시청자를 안정적으로 확보하느냐 못하느냐를 결정하는 데 중요한 역할을 한다. 실제로 <로스트>는 처음부터 2편의 파일럿이 제작되었다. 이렇게 볼 때, 두 번째 에피소드를 두 번째 파일럿이라고 부르는 것은 괜한 과장이 아니다.

2009년 하반기부터 2010년 상반기에 이르는 기간에 편성할 프로그램으로 새로 주문된 드라마를 보면(시트콤 장르를 제외하고), The CW의 <뷰티플 라이프>, <뱀파이어 다이어리>, NBC의 <데이원>, <머시>, <트로마>, ABC의 <디프 엔드>, <이스트위크>, <플래시 포워드>, <포가튼>, <해피타운>, <브이(V)>, CBS의 <굿 와이프>, FOX의 <휴먼 타깃>, <패스트 라이프> 등 15편 이내이다. 이 중 얼마나 많은 타이틀을 다음 시즌에 볼 수 있을지 알 수 없다. 2008년 하반기부터 2009년 상반기까지 편성되었다가 2009년 하반기에 폐지되는 운명을 맞은 드라마는 수도 없이 많다.

네트워크에 의해 편성되지 않은 파일럿의 운명은 어떻게 되는가? 어느 네트워크에 의해서도 완전히 채택되지 않은 파일럿은 기본적으로는 별로 쓸 데가 없다. 그러나 막대한 돈이 투입된 한 시간짜리 프로그램을 네트워크가 그냥 버릴 리는 없다. 간혹 시간이 좀 지난 뒤에 편성에서 갑작스러운 공백이 발생하면 시간 때우기용으로 쓴다. 최근에는 방송으로 편성하지는 않고, 온라인이나 모바일 미디어 등에서 주문형 서비스로 유통시키기도 한다.

<로스트>의 사례

<로스트>의 파일럿은 처음에 미니 시리즈 형식으로 기획되었지만, 두 시간짜리 파일럿을 본 ABC 측은 정규 시리즈로 편성하기로 결정

했다. 미국에서 미니 시리즈라고 하면 정확한 에피소드 수의 제한이 있는 것은 아니지만, 대체로 한 시즌 동안 지속되지 않는 드라마 시리즈로 2~8편의 에피소드로 구성되는 경우를 말한다. 우리나라 방송에서 말하는 미니 시리즈는 미드에서 말하는 미니 시리즈가 아니라 일반적인 미드 시리즈에 해당한다.

    <로스트>의 홍보를 위해, ABC는 본방송이 시작하기 3개월 전에 미국의 주요한 팬컨벤션(fan-convention)인 코믹콘(ComicCon)에서 파일럿을 보여주었다. 코믹콘은 그 이름이 말해주듯이, 처음엔 만화책 박람회로 시작했다가 점차 영역을 넓혀 소설, 텔레비전 드라마까지도 전시하는 행사로 발전했다. 1970년 이래 캘리포니아 주 샌디에이고 시에서 해마다 열리고 있으며, 최근에는 뉴욕 등 대도시에서도 새로운 코믹콘이 열리고 있다.

    팬컨벤션은 두 가지의 목적을 갖는다. 첫째는 시사회를 통해서 일반 시청자보다 먼저 프로그램을 시청한 팬들이 특권의식을 가지게 함으로써 팬 충성도를 높이는 것이다. 이들은 팬컨벤션에 참석하면서 팬의 중요성을 인식한다. 둘째는 블로그 등을 통해 새로 시작되는 미스터리-모험물의 소문을 내도록 유발시키는 것이다.

    <로스트>의 공식 웹사이트인 I-am-lost.com(현재는 abc.go.com/show/lost)은 스토리와 인물 등에 대한 단서를 제공하기도 했다. 영국에서도 프로모션이 진행되었는데, 온라인게임인 <아나키(Anarchy)>에서 포스트를 띄워 플레이어들이 가상세계를 다니면서 로스트 시리즈의 클립을 얻을 수 있도록 해두었다. 또한 공식 사이트에서는 미국에서와 마

찬가지로 스토리의 단서를 제공하기도 했다.[5]

하와이의 오하우 섬에서 촬영된 <로스트>의 파일럿은 주요 캐릭터를 선보이는 두 시간짜리로 1,000만 달러 이상이 소요된 대규모 작업이었다. <로스트>는 매튜 폭스가 연기한 극중 인물인 잭이 추락한 비행기에서 튕겨나가 쓰러졌다가 눈을 뜨는 장면에서 시작한다. 서너 명의 핵심적인 인물들이 주축이 되어 스토리를 이끌어가지만, 3, 4편을 넘어서면서 여러 주변 캐릭터들이 이야기의 중심으로 들어오게 된다. <로스트>의 파일럿은 대단한 흡인력을 가지고 시청자들을 끌어들이고 있으며, 극중 인물들의 성격, 극적 긴장, 스토리 전개상의 궁금증 유발 등 파일럿이 가져야 할 모든 요소들을 포함하는 교과서적인 작품이라고 생각된다.

<매드맨>의 사례

파일럿이 제작되기까지 순탄치 않는 시간이 요구된다는 사실을 2007년 방송되기 시작한 <매드맨>은 보여주었다(2009년 시즌3을 방송했고 시즌4가 준비 중에 있다). 매튜 와이너는 2000년에 이 스토리의 대본을 써 프로듀서 데이비드 체이스에게 보여주는 것을 계기로 <소프라노

---

5 R. Pearson, *Reading lost* (New York: I. B. Tauris, 2009).

스>의 스태프작가로 일하게 된다. <소프라노스>가 종료될 때까지 와이너는 자신의 대본으로 작업할 기회를 얻지 못했다. 처음 대본을 쓴 지 7년 만에 <매드멘>을 케이블 네트워크인 AMC에 제출함으로써 이 흥미로운 이야기를 세상에 내놓았다. <매드멘>이란 제목은 표면적으로는 뉴욕 매디슨가의 중역들을 일컫는 말이지만, 문자 그대로 '미친놈'이란 뜻도 있어 다분히 중의적이다. 작가의 눈에 그 두 의미가 그리 달리 보이지 않았는지도 모른다. 매드멘의 파일럿은 뉴욕 시의 실버 스튜디오와 주변 지역에서 제작되었고, 이후의 에피소드는 로스앤젤레스로 이동하여 로스앤젤레스 센터 스튜디오에서 제작되었다. 1960년대 초반을 재현하기 위해 의상, 세트 디자인, 소품 등을 꼼꼼히 챙겨야 했다. 파일럿의 예산은 300만 달러였고, 이후 에피소드는 평균 200~250만 달러 수준이다. 흡연, 음주, 음란, 호모, 인종주의, 반유대주의 등이 그 시대의 특징적 문화로 그려지고 있다.

크레디트

텔레비전 드라마나 영화를 프로듀서의 작품이니, 감독의 작품이니, 작가의 작품이니, 배우의 작품이니 하는 말들은 참으로 무의미하다. 프로듀서, 작가, 감독, 주연으로부터 제작 스태프, 엑스트라에 이르기까지 그들 모두의 수고 없이는 한 편의 작품이 완성되지 않는다.
한 편의 텔레비전 드라마와 영화가 끝나고 나면 긴 크레디트 자막이 올라간다. 영화의 경우는 그것을 끝까지 보고 극장을 떠날 만큼 인내심 있는 사람들이 흔치 않을 정도로 크레디트는 한참 올라간다. 그것을 유심히 보면, '아, 그렇지. 저것도 누군가가 일하지 않았으면 가능하지 않았겠구나' 깨닫게 된다. 그들이 주연 및 조연 배우이든, 스턴트맨이든, 차량 지원을 했든, 장소 협찬을 했든 간에 그들 모두의 조력 없이는 한 편의 영상물은 완성되지 못한다.

그렇지만 이런 일반론적인 이야기는 크레디트의 순서, 위치, 형태를 정할 때에는 적용되지 않는다. 영화나 텔레비전 드라마에서 크레디트는 오프닝과 엔딩 자막을 말한다. 프로그램이 끝나고 나서 만든 이들의 명단이 빠른 속도로 쭉 올라간다고 해서 스크롤(scroll)이라고 부르기도 하지만, 정식 명칭은 크레디트이다. 스크롤이란 용어는 대개 자막을 아래에서 위로 쭉 지나가게 하는(scroll up) 영상 효과의 명칭으로 사용되기도 한다.

프로그램마다 크레디트가 들어가는 시점과 위치가 다르다. 어떤 경우에는 프로듀서, 감독, 작가, 주연 배우가 오프닝 자막으로 들어가고, 원작을 포함한 나머지는 엔딩으로 처리된다. 오프닝에는 주연 배우와 감독, 작가만 포함되거나, 남녀 주인공의 이름이 한 페이지에 들어가고 감독과 작가가 한 페이지에 한꺼번에 들어가기도 한다. 다른 경우에는 각각 한 페이지씩 이름이 떴다가 사라지고, 또 떴다가 사라지고 한다. 여자 주연·남자 주연·감독·작가 순으로 자막이 뜨기도 하고, 감독·작가·남자 주연·여자 주연 등의 순서로 나오기도 한다. 수많은 순서 조합이 가능하다. 그러나 특별한 계약 사항이 없는 경우 엔딩 크레디트에서는 관행에 따라 순서를 정한다. 엔딩 크레디트는 관계자와 친분이 있는 사람이 아니라면 대체로 주목하지 않고 다른 채널로 돌려 버리기 쉽다. 결국 중요한 인물들은 자신의 이름을 오프닝 크레디트에 올리는 것을 계약 조건에 포함시킬 것이다.

> **✽ CSI의 2000년 파일럿의 크레디트 일부**
>
> Producer: Cynthia Chvatal, William Petersen
> Written by Anthony Zuiker
> Created by Anthony Zuiker
> Directed by Danny Cannon
>
> ⓒCBS Worldwide Inc. and Alliance Atlantis Productions, Inc
> Production Companies: Jerry Bruckheimer Films, Alliance Atlantis, CBS Production
>
> Executive Producer: Carol Mendelsohn, Ann Donahue, Jerry Bruckheimer
> Co-Executive Producer: James Hart, Anthony Zuiker
> Consulting Producer: Jonathan Littman
> Associate Producer: Philip Conserva
> Unit Production Manager: Chip Vucelich
> Production Co-ordinator: Doornewaard
> Location Manager: Ron Carr
> Script Supervisor: Susan Youngman
> Casting by April Webster, Elizabeth Greenberg

프로듀서는 "Produced by OOO"로 표기되거나 "Producer OOO"와 같이 뜨는데, 주로 드라마 타이틀 다음에 나온다. 작가는 "Screenplay by OOO", "Screenplay OOO", "Written by OOO"와 같이 표기된다. 감독은 "Directed by OOO", 혹은 "Director OOO"로 표기된다. 스토리 창작자는 "Created by OOO"로 표기되며, 동시에 책임 프로듀서(Executive Producer)의 한 명으로 기록되기도 한다.

주연 배우의 이름은 드라마 홍보에 큰 이점이 있는 경우에는 드라마 타이틀에 앞서 나오기도 한다. 이런 경우는 드라마보다는 영화에서 더 흔한 일인데, 배우들의 자존심 문제도 개입되겠지만, 영화의 홍보적 차원에서 이루어지는 결정이다.

10장 불확실성에 대한 대처

투입된 비용의 회수에 대한 불확실성에도 할리우드 영화산업이 가능했던 이유는 꿈을 추구하는 관객들의 영화 자체에 대한 수요가 늘 존재했고, 불확실성이 흥행의 실패뿐 아니라 빅히트도 유발시켜왔기 때문이다.

에디 머피의 함정

에디 머피. 그는 흥행의 대명사로 알려져 있으며 캐스팅 때마다 스타로서의 파워를 유감없이 보여주었다. 그는 40대 전후의 영화팬들에게는 <48시간>, <베버리힐스캅> 등으로 유명하며, 30대에게는 <닥터 두리틀>, <브룩클린의 뱀파이어>로, 더 젊은 층에는 <슈렉>에서의 당나귀 목소리로 기억되는 할리우드 최고의 코미디 배우 중 한 명이다. 그러나 2002년 그가 출연한 영화 <플루토 내쉬의 모험>은 제작비의 10퍼센트도 못 건지고 완전히 망했다. 이 정도로 실패하면 스튜디오가 휘청한다. 이렇게 극적인 실패는 흔치 않지만, 최고의 스타가 출연했음에도 실패한 영화는 많다.

영상 콘텐츠 상품이 얼마나 불확실성에 기초하고 있는지를 열심히 강의하다 보면, 세상에 뭐 하나 확실한 것이 있기나 할까 하는 생각이 들기도 한다. 소비자 조사를 통해서 니치 마켓(niche market)을 발굴하고 디자인과 기술을 총동원해서 개발한 자동차가 빅히트를 할 것이라고 누가 보장하겠는가? 가능성은 있지만 섣불리 보장할 수는 없다. 영화나 드라마도 마찬가지이다. 그런데 유독 영상산업을 가리켜 불확실성이 높은 산업이라고 칭하는 것은 무슨 이유에서인가? 그저 엄살인가?

영화제작에 뛰어들었다가 망한 연예인들이 방송에서 실패담을 이야기하는 경우가 많다. 1960년대에 영화제작에 손을 댔다가 완전히 기울어버린 집안의 친구가 있었는데, 여간 딱하지 않았다. 그 친구의 아버지는 용케 어디서 돈을 끌어다가 다시 한 번 시작했는데, 자금이 부족해 중단되었고, 친구의 가족은 강원도 어느 광산 마을로 떠났다. 그 이후로 그 친구와 연락이 닿지 않았지만, 그 친구의 아버지가 영화제작에 대한 꿈을 접었을지는 의문이다. 그 친구의 아버지가 어려움 속에서도 돈줄을 잡고 여기저기서 돈을 모아온 것을 보면, 생판 엉터리는 아니었고 대본이나 기획이 제법 쓸 만했던 것 같다는 생각도 든다. 영화의 불확실성은 세상사가 다 갖는 보통의 불확실성보다 더 심각한 무엇이 있는 것 같다.

그 뭔가 특별한 불확실성에 대해서 좀 더 이야기해볼까 한다. 미드는 할리우드 영화에 비해 모든 면에서 덜 극적이다. 투자도 그렇고, 스토리도 그렇고, 배우 캐스팅도 그렇고, 수입도 그렇다. 그러다 보니 미드의 불확실성도 영화만큼 극적이지는 않다. 이번 장에서는 더 극적인 불확실성을 보여주는 할리우드 영화의 이야기로부터 시작함으로써, 불확실성의 본질이 무엇인지 이야기할까 한다.

무엇보다도 그 특별한 불확실성은 근본적으로는 영화의 독특한 상품적 특성에서 기인한다. 히트(대박)의 기대, 투자하면 할수록 일반적으로 소비를 더 촉진시킬 수 있는 작품이 나온다는 점, 망하면 건질 게 아무것도 없다는 점. 얼핏 들으면, 이런 점들도 뭐 특별해 보이지 않는다. 어떤 사업이든 다 대박을 기대할 것이고, 많은 투자를 할수록 소비자 선호도가 높은 상품을 생산할 가능성은 높아지게 된다. 그러다가 망하면 '건질 게 뭐가 있어'라고 생각하기 쉽다.

영화산업은 왜 대박의 기대감이 다른 일에 비해 더 큰가? 영화라는 상품은 일단 한 번 만들고 나면 관객의 수가 늘어난다고 해서 제작비용이 계속 증가하지 않는다. 이것이 영화가 일반 상품과 크게 다른 점이다. 예를 들어 자동차 회사의 경우, 자동차가 잘 팔리면 회사는 돈을 많이 벌겠지만, 한 대를 더 만들 때마다 자동차 제작비용도 들어간다. 한 대를 만드는 데에도 수많은 부품이 필요하고, 공장에서 기술자들이 조립을 하고 도색하고 검사를 해야 한다. 이 모든 과정은 비용을 발생시킨다. 물론 공장 부지나 대형 장비에 투입된 돈은 고정비용으로 계산된다. 그래서 자동차를 한 대 팔아서 번 수입에서 그런 비용들을 공제하고 남은 것이 수익이 된다.

이와는 달리, 영화는 처음 제작할 때 막대한 비용이 들어가지만 한 사람의 관객이 더 시청한다고 그에 따른 한계비용이 발생하지는 않는다. 여러 상영관에 배포하기 위한 필름 인화비가 들지만 그것은 전체 제작비에 비해 큰 규모는 아니며, 한 단위의 소비로 나누면 매우 작아진다. 요즘은 디지털 전송센터로부터 네트워크를 통한 상영이 이루어지기 시작했으니 그나마 배급 비용은 더욱 제로(0)에 가까워지고 있다. 따라서 영화가 빅히트할 때, 한 편의 제작비용을 회수하고 난 다음의 모든 수입은 수익이 된다. 다시 말해 엄청난 부가가치를 생산할 수 있다. 이것이 바로 영화제작에 관심을 가진 이들이 잦은 실패에도 영화제작을 쉽게 포기하지 못하는 이유이기도 하다. 물론 빅히트에 따른 주요 제작진과 주연 배우들의 보너스가 수입으로부터 지급되기도 하지만, 관객 수에 비례하는 비용의 발생은 아니다.

영화상품은 투자를 조금 늘려 조금 더 나은 작품이 나오고, 관객의 수가 그만큼 더 늘어나는 그런 상품이 아니다. 어차피 일정 수준 이상의 투자가 이루어지지 않는다면, 투자액의 조금 더 높고 낮음에 의해 영화의 상품적 질이 달라지지는 않는다.

할리우드 특급 배우들의 출연료는 천문학적인 수치를 보이고 있다. 이들이 출연했다고 무조건 성공하느냐는 질문을 한다면 대답은 "아니오"이지만, 이들을 출연시키지 않고도 성공할 자신이 있냐고 다시 물어온다면, 필자의 대답은 "아니오"이다. 아무리 대본이 좋고 기획이 좋아도 대답은 역시 "아니오"이다. 특급 배우의 출연 없이 성공하는 영화도 있지만, 기획 단계에서 이들 없이 성공할 수 있다는 장담을 하면서도 그보다 낮은 레벨의 배우를 캐스팅할 자신은 없다. 막대한 투자를 하는 제작자와 수익 배분을 하게 될 프로듀서의 입장에서 여력이 되는 한 최고의 배우를 캐스팅하려고 할 것이다.

요즘은 다양한 미디어 플랫폼들을 통한 영상 서비스를 하고 있어서 많이 달라졌지만, 전통적으로 영화는 망하고 나면 건질 게 하나도 없는 상품이었다. 홈비디오 플레이어가 나오기 이전에 영화는 극장에서 실패하면 시골의 재개봉 극장으로 헐값에 팔려가는 것으로 생명을 다했다. 주문이 들어오지 않는 자동차 모델은 아예 생산에 들어가지 않으므로, 그만큼의 제작비는 발생하지 않는다. 준비해둔 재료들은 다른 차 생산에 활용할 수도 있으며, 그것도 어려운 경우에는 다시 고철로 처리해도 비용의 일부를 건질 수는 있다. 그러나 전통적인 시장에서 영화는 일단 제작했다가 실패하면 비용을 건질 방법이 전혀 없었다. 그저 필름 조각으로 남아 있을 뿐이었고, 제작에 관여한 이들에게는 아픔으로 남지만 시장에서는 쓰레기였다. 요즘은 다른 양상을 보이기는 해도 영화라는 상품의 본질적 특성의 이해를 돕기 위해 전통적 시장 상황을 설명한 것이다.

그러니까 전통적으로 영화제작은 돈을 조금 들일 것이라면 애초에 많은 관객을 기대하기 어렵고, 돈을 들이자니 성공 가능성이 불확실해 큰 위험 부담을 감수해야 하는 일이었다. 하지만 일단 자본을 확보하여 좋은 영화를 만들어 빅히트를 내기만 하면, 한 편의 제작으로 비용 발생이 끝나므로(경제학적으로 표현해서 한계비용이 발생하지 않으므로), 한 편의 제작비를 충당한 이후의 모든 수입이 수익이 되는 흥분된 일이 일어나는 것이다. 그 기대감이 바로 자본을 영화계로 끌어 들이는 힘이라고 볼 수 있다. 또한 그것이 불확실성을 가중시키는 원인이 되었다.

영화상품의 흥행 불확실성은 이미 잘 알려져 있는 바이다. 영화산업은 본질적으로 투입된 자금에 비례하여 흥행이 보장되지 않는 데서 오는 불확실성과의 싸움을 해왔다. 영화산업에서의 스타시스템, 다양한 파이낸싱 전략, 계약 관행, 마케팅, 윈도우잉(후속 시장의 개발), 해외시장 개척, 유관 기업의 인수합병, 테마파크 사업, 캐릭터 상품화 등 수많은 작업들은 어떻게 보면 모두 불확실성을 극복하기 위한 전략으로 이해될 수 있다.

투입된 비용의 회수에 대한 불확실성에도 할리우드 영화산업이 가능했던 이유는 꿈을 추구하는 관객들의 영화 자체에 대한 수요가 늘 존재했고, 불확실성이 흥행의 실패뿐 아니라 빅히트도 유발시켜왔기 때문이다. 빅히트작의 탄생은 그간의 여러 실패들을 만회하고도 남음이 있었고, 이러한 직·간접적 경험은 영화인들을 할리우드에 붙잡아두었다.

한때 영화의 수익률이 100퍼센트에 이르기도 하고 평균적으로 30퍼센트 정도를 넘는 고수익 산업인 시기도 있었다. 그러나 지금의 영화산업은 평균적으로는 높은 위험 부담에도 낮은 수익성까지 보이고 있다. 오늘날에는 지속적으로 20퍼센트 수준의 수익성을 보이는 메이저 스튜디오도 드물다.

최근의 영화산업에서 수익성이 지속적으로 저하되는 이유는 여러 가지로 설명될 수 있다. 첫째, 영화산업의 초창기에는 값싼 노동력의 활용이 가능했지만, 최근에는 인건비의 상승으로 제작비용을 줄이기 쉽지 않은 시장구조를 띠고 있다. 작가와 기술 스태프들의 인건비도 조합의 결성을 통해 높아졌을 뿐만 아니라, 해외시장을 겨냥하여 제작되면서 해외에 지명도 높은 소수의 배우들에 대한 출연료가 급속도로 상승하여 총제작비를 상승시키는 주요 원인이 되고 있다. 우리나라에서도 이 부분은 매우 심각한 수준이며, 텔레비전 드라마의 경우는 더욱 심각하다. 할리우드 영화 프로듀서들은 "주연 배우의 출연료 상승은 할리우드에서도 한국 못지않게 심각하며, 전체 제작비에서 차지하는 비율이 너무 높아 영화의 질적 문제를 유발시킬 우려도 있다"고 지적했다.

둘째, 영화 전성기에 영화제작 비용은 미국 국내시장에서 비교적 단기간에 회수해야 했지만, 최근에는 다양한 윈도우(후속시장)를 염두에 두고 있어서 비용은 크게 상승한 데 반해 비용회수는 긴 시간이 소요된다. 따라서 자금의 순환이 원활하지 않을 수 있다. DVD/비디오 시장, 인터넷 시장, 해외시장 등의 후속시장이 열려 있으면, 스튜디오는 내수시장만을 타깃으로 할 때보다 훨씬 큰 규모의 비용을 투입하여 더욱 흥미로운 영화를 제작하고자 한다. 막대한 비용을 투입한 성공적인 영화의 경우에 미국 내수시장에서 순수 제작 비용을 회수하고 있으며, 해외 시장에서 마케팅 비용을 회수하며, 수익은 DVD/비디오 및 인터넷 시장에서 올리게 된다. 그러다 보니 자금의 회수가 신속히 이루어지지 못하고 수년에 걸쳐 이루어지게 된다. 이는 최근 영화의 수익성 저하의 한 이유가 되고 있다.

셋째, 영화가 가장 주요한 오락이던 시대는 가버린 지 오래되었고, 영화와 텔레비전만 있던 시대도 이젠 지나갔다. 인터넷은 젊은 층의 가장 중요한 미디어로 급부상하여 텍스트 정보는 물론이고 게임 및 동영상까지 제공하고 있기 때문에 극장영화를 상당 부분 대체하기에 이르렀다. 물론 이러한 다양한 윈도우들은 영화 콘텐츠를 필요로 하지만, 영화의 수익성에 부정적인 영향을 미치고 있는 것은 사실이다. 이는 과거 텔레비전의 도입과 영화산업의 관계와 비슷하다. 텔레비전의 도입은 영화산업을 위축시키면서도 한편으로는 영화의 새로운 윈도우로서의 역할을 했는데, 그럼에도 텔레비전이 극장산업을 활성화시켰다고 보기는 어렵다.

멀티플랫폼

할리우드는 흥행의 불확실성과 수익성 저하를 인식하고 있었고, 그에 대한 대처 사업들을 꾸준히 추진해왔으며, 이러한 시도들은 영화산업의 불확실성 자체를 완화시킴으로써 불확실성이 영화산업 자체의 근간을 흔들지 못하도록 했다. 이러한 할리우드 영화산업에서의 불확실성 극복의 전략은 미드에서의 불확실성 극복의 전략으로 전이되었다. 왜냐하면 할리우드의 메이저 스튜디오가 영화 스튜디오, 텔레비전 스튜디오, 지상파 네트워크, 케이블 네트워크를 수직적으로 결합하고 있기 때문이다. 할리우드의 불확실성에 대한 대처들을 정리해보겠다.

첫째, 멀티플랫폼 시대에는 과거에 묻혀 있던 영화나 극장에서 주목받지 못했던 영화가 재기의 기회를 갖게 된 것이다. 아예, 2차시장을 주된 시장으로 삼고 기획된 영화들이 나오기도 한다. 극장에서는 단 하루 혹은 며칠만 올랐다가 내리고, 바로 극장 개봉작이라는 이름하에 비디오 시장, 케이블방송 및 인터넷 유통을 통해 수입을 올리는 경우도 많다. 전통적인 영화시장은 1970년대 초반 통신위성이 상업적으로 이용되면서부터 변화가 시작되었다. 한때 영화산업을 사양길로 몰고 갔던 텔레비전 산업으로 인해 오히려 재기의 기회를 잡은 것이다. 1972년 HBO 등의 영화전문채널들이 미국 전역을 커버하면서 영화의 2차시장의 숨통이 열렸다. 그리고 비디오 대여와 판매 시장이 확장되었다. 그러다가 현재는 비디오 대여가 시들해지고 있고, 인터넷 동영상 사이트나 모바일 미디어, IPTV 등을 통해서 유통되고 있다.

텔레비전 드라마를 제작한 프로덕션의 이차적 수입원은 네트워크에서 초방을 한 프로그램을 받아서 방송하는 케이블 네트워크, 신디케이션, 지역 방송사들, 독립방송사들이다. 이 이차적 수입원은 케이블방송, 위성방송 등이 활성화되면서 가능해진 시장으로 볼 수 있다. 최근 디지털 환경하에서는 인터넷, 케이블방송, 위성방송, IP-TV, 모바일 미디어 등의 매체를 통한 VOD 서비스로부터의 수입이 늘어나고 있다. 인터넷 상에서의 유통은 유투브닷컴, 훌루(www.hulu.com), 방송사 자체 온라인 서비스 등에서 이루어지고 있는데, 대체로 무료 서비스로 제공되어 수입원으로서의 인터넷 VOD는 아직은 완성된 사업 형태로 보기 어렵다.

그러나 정규 편성에 의한 방송은 디스플레이 기능을 하고, 실질적 영업은 비선형 시청 시장에서 이루어지는 시장 환경이 곧 전개될지도 모른다. 지상파 네트워크를 소유한 미국의 메이저 스튜디오들은 이미 그쪽으로 발을 내디뎠다.

스튜디오의 거대화

둘째, 할리우드의 스튜디오는 수직·수평적 통합을 시도하여, 지상파방송사 네트워크, 케이블 네트워크, 스튜디오, 배급사 등을 소유하고 있다. 1990년대에 디즈니, 비아콤, 20세기 폭스사 등이 꿈틀거리면서 스튜디오의 네트워크 지배가 시작되었으며, 2000년대에는 타임워너가 AOL과 손을 잡으면서 네트워크를 소유한 스튜디오(콘텐츠사)와 인터넷 기업의 결합이 시작되었다. 특히 타임워너와 AOL의 결합은 미디어 융합이 시작되는 새로운 시대의 상징적 사건으로 기록된다.

디즈니는 지상파 네트워크인 ABC, 케이블 네트워크인 ESPN, 디즈니 채널, 테마파크인 디즈니랜드 등을 그룹 계열사로 두고 있다. 타임워너는 영화전문채널인 HBO를 소유하고 있으며, NBC 유니버설은 유

표 10.1 스튜디오와 네트워크의 결합

모기업	영역	계열사
폭스 (뉴스코프)	영화	20th Century Fox, Fox 2000 Pictures, 20th Century Fox Home Entertainment, 20th Century Fox International
	방송	Fox Broadcasting Company, Fox Television Stations, Fox Cable Networks Group, BSkyB, STAR, Hulu
타임워너	영화	Warner Bros Studios, Warner Bros Home Entertainment
	방송	HBO, Time Warner Cable(2008년 분리 독립), Turner Broadcasting System(CNN, HLN, TBS, TNT, Cartoon Network 등), CW Television Network(The CW)
디즈니	영화	Walt Disney Pictures, Touchstone Pictures, Pixar Animation, Miramax, Walt Disney Studios Home Entertainment
	방송	ABC, ESPN, SOAPnet, Disney Channel
소니	영화	Columbia Tristrar Motion Pictures Group, MGM Studio, Sony Pictures Animation, Sony Pictures Home Entertainment
	방송	Sony Picture Television Group
CBS	방송	CBS Television Network, CBS Entertainment, The CW, CBS Television Stations, CBS Television Distribution, CBS Television Studios, CBS Studios International, Showtime, CBS Radio
비아콤	영화	Paramount Pictures, Nickelodeon Movies, MTV Films, Paramount Home Entertainment, United International Pictures(파라마운트와 유니버설 스튜디오의 공동투자회사)
	방송	MTV Networks: MTV, Spikes, Comedy Central, VH1, Neoperts, BET(Black Entertainment Television). CBS는 Viacom으로부터 2008년 분리 설립됨.
NBC 유니버설	영화	Universal Pictures, United International Pictures, Universal Pictures Home Entertainment
	방송	NBC, NBC Universal Television Group, NBC News, USA, CNBC, MSNBC cable TV, Telemundo Television Studios, The Weather Channel, Bravo

자료: 임정수(2009: 385)에 기초해 수정.

니버설 스튜디오와 지상파 네트워크인 NBC, 테마파크인 유니버설 스튜디오를 운영하고 있으며, 폭스도 20세기폭스와 지상파 네트워크 FOX, FOX 케이블채널 등을 운영하고 있다. 파라마운트 픽처스(Paramount Pictures)도 지상파 네트워크인 비아콤(Viacom)에 의해서 소유되다가, 2008년에 CBS는 비아콤으로부터 분리설립(split-off)되었다. 소니는 직접적으로 미국에서 지상파 네트워크를 소유하고 있지는 않지만, 계열사인 소니픽처스텔레비전(텔레비전 드라마 스튜디오)은 케이블 네트워크에 드라마 시리즈를 공급하고 있다. FX의 <Damages>, <Rescue Me>, AMC의 <Breaking Bad>, TNT의 <Hawthorne>, Lifetime의 <Drop Dead Diva>, <The C Word> 등이 그 예이다.[1] 영화에 대한 투자 자체의 높은 불확실성에는 큰 변화가 없지만, 이러한 스튜디오 거대화의 전략을 통해 불확실성을 상당히 낮추어왔다고 할 수 있다.

　　미국의 지상파방송 네트워크는 거대 미디어 그룹의 일원으로, 영화사, 텔레비전 프로덕션, 영화 유통, 텔레비전 프로그램 유통사 등 그룹 계열사들과 연계되어 있다. 상당수의 텔레비전 드라마는 계열 프로덕션이나 계열 영화사를 통해 제작된다. 미국의 경우에는 폭스 프로덕션이 폭스 네트워크나 케이블 폭스채널에만 공급하는 것이 아니라, 다른 네트워크에도 프로그램을 공급하고 있다. 이는 네트워크사가 다른 계열사 프로덕션과는 거래하지 않는 우리나라의 관행과 차이를 보인다.

---

[1] www.hollywoodreporter.com에서 발췌.

그렇다고는 하지만 수직 결합적 기업들의 횡포가 없다는 말은 아닙니다. 거대 미디어 계열 스튜디오와 독립제작사 간에 수직 결합적 파워가 나타나는 것은 말할 필요도 없고, 거대 미디어 그룹 간에도 수직 결합으로부터 발생하는 갈등이 만만치 않다. 1997년에 20세기폭스는 <버피(Buffy the vampire slayer)>를 계열사인 FOX가 아닌 WB에서 초방했다가 히트를 하자, 2001년에는 20세기 폭스사가 지분을 가지고 있었던 UPN(당시 파라마운트 계열사)으로 방영권을 넘겨 WB와 FOX 사이에 분쟁이 발생하기도 했다.

불확실성에 대한 대처: 사업 다각화

셋째, 비영화 부문에서 사업 다각화를 통해 불확실성의 위험을 극복해나가고 있다. 그 대표적인 예가 테마파크와 캐릭터 사업이다. NBC 유니버설은 로스앤젤레스 동북쪽에 테마파크 유니버설 스튜디오를 조성했다. 유니버설 픽처스가 제작한 수많은 영화들을 소재로 한 오락시설과 촬영장 및 모형 세트장의 관람 등을 제공하고 있다. 워너브라스와 파라마운트는 테마파크는 아니지만, 유료로 세트장 견학 프로그램을 버뱅크와 로스앤젤레스에 각각 두고 있다.

스튜디오의 테마파크를 운영해온 역사가 오래된 유니버설 스튜디오나 파라마운트 파크는 다양한 견학 프로그램은 물론이고, 실감나고도 교육적인 체험 프로그램 및 성인 및 어린이 오락시설 등을 갖추고

사진 10.1 테마파크 유니버설 스튜디오 ⓒ임정수

있다. 테마파크 운영 전략은 우리나라 텔레비전 드라마 제작사들도 채택하고 있다. 많은 사극들은 사극 촬영 세트를 그대로 유지하면서, <태왕사신기>의 세트를 포함하는 '파크서들랜드', <야인시대>의 세트장인 '부천 판타스틱 스튜디오', <토지>의 촬영장인 '횡성 테마랜드' 등 테마파크로 조성하려는 시도들이 유행처럼 번져나간 적이 있었다.

할리우드 스튜디오는 자사 제작 영화에 등장한 캐릭터들을 상업화하는 데 탁월한 능력과 집요함을 보였다. 디즈니의 수많은 캐릭터들, 유니버설 스튜디오의 슈렉, 터미네이터, ET 등은 영화가 극장에서 사라진 후에도 그 생명력을 잃지 않고 있다. 특히 디즈니의 캐릭터는 수십 년의 생명력을 보이고 있으며, 앞으로도 계속될 것으로 보인다. 긴 생명

사진 10.2 <뉴문>과 <스펀지밥>을 소재로 한 상품 ⓒ 임정수
자료: http://blog.naver.com/whotalks

력을 가진 캐릭터는 할아버지부터 손자손녀에 이르기까지 3대가 같은 캐릭터를 가지고 공감을 형성할 수 있도록 해준다.

  영화나 텔레비전 드라마의 머천다이징은 스튜디오의 주요한 수입원이 된다. 머천다이징 수입은 때로 광고 수입을 능가하기도 한다. 머천다이징은 영화에서부터 시작되었지만, 2000년대 미드가 활성화되면서 텔레비전 드라마 캐릭터의 머천다이징도 활발하다.

스핀오프와 리메이크

  넷째는 특히 미드에 국한된 전략인데, 스핀오프와 리메이크(remake)

전략이다. 스핀오프는 기존 드라마 시리즈에서 흥미로운 부분을 중심으로 새로운 드라마 시리즈를 제작하는 것이다. 리메이크는 과거에 제작되었던 영화나 드라마를 다시 제작하는 것을 말하는데, 반드시 원작 그대로 제작하는 것은 아니고 배경이나 인물 설정 등을 현대판으로 재구성하기도 한다.

실제로 이런 식으로 다소 구분하여 사용하고 있는 용어들이지만, 모두 기존 작품의 인기에 편승하여 안정적인 성공을 기대하는 전략이라고 볼 수 있다. 수익성의 압박을 받는 스튜디오와 네트워크들이 위험 부담을 안고 새로운 창작물을 만들기보다는 스핀오프나 리메이크를 통해 기존 상품의 재생산을 통해 안정적으로 시장에 나서려는 것이다. 기존의 스토리와 인물 설정 등을 활용함으로써 프로그램 홍보에도 큰 이점을 누릴 수 있다. 특히 오래된 드라마의 리메이크는 과거의 향수에 젖은 시청자들과 다음 세대의 젊은 시청자들을 동시에 공략하는 전략이 될 수 있다.

예를 들면, NBC는 <소머즈>의 리메이크인 <바이오닉 우먼>을, FOX는 <터미네이터>시리즈의 스핀오프인 <터미네이터: 사라 코너 연대기>를 제작했다. FOX는 애니메이션 <패밀리 가이>의 스핀오프 <클리블랜드(Cleveland)>를 기획 중에 있다. 1990년대 FOX에서 인기를 끌었던 <베버리힐스의 아이들>의 2008년 리메이크작인 <90210 West Beverly Hills High>가 CW에서 방송되었다. 또한 <베버리힐스의 아이들>의 스핀오프작인 <멜로즈 플레이스(Melrose Place)>는 1992년 제작되어 1999년까지 방송되었고, 2009년 이의 리메이크작인 <멜로즈

플레이스>가 CW에서 방송되었다. 1980년대 히트작으로 NBC의 <전격Z작전(Knight Rider)>과 <브이>도 2009년에 리메이크 제작되었다. 리메이크된 <브이>는 네트워크를 바꾸어 ABC에서 방송되었다. 리메이크된 <브이>는 종말론적 공포를 표현하기 위해 특수효과를 놀랍게 강화시켜, 과거 1980년대 <브이>와는 다른 면모를 보였다.

에피소드극

다섯째, 영상산업의 본질적인 불확실성은 텔레비전 드라마의 구성에서 연속극보다는 에피소드극을 활성화시켰다. 미드는 대개가 에피소드극이다. 미드에 조금 관심이 있는 독자라면 왜 에피소드극이 미드의 주류를 이루는지 이미 대강은 짐작할 것이다. 그것의 가장 중요한 이유는 한마디로 판매의 유용성 때문이라고 할 수 있다. 스토리가 한두 편의 프로그램에서 완결되지 않을 때, 구매자는 그 프로그램의 전부를 구입할 것인지 말 것인지 결정을 해야 한다. 판매자 입장에서도 모두 팔든지 못 팔든지 결단이 나는 일이다. 그러나 에피소드극의 형식으로 제작이 된다면, 10편씩 묶어서 판매 계약을 할 수 있어 판매자와 구매자 상호 간에 위험 부담을 줄일 수 있다.

미국 드라마가 '미드'로 불리기 훨씬 전인 1970~1980년대, 한국 드라마가 성장하고 있던 시기에 <600만 불의 사나이>, <헐크>, <원더우먼>, <소머즈>, <맥가이버>, <A특공대>, <캐빈은 12살> 같은 미드가 한국 텔레비전에 소개되었다. 이 시기의 이러한 프로그램들도 모두 에피소드극이었다. 그 후 한동안 한국 드라마의 붐이 일면서 미드에 대한 관심이 급감했고, 미드는 주요 시간대로부터 완전히 밀려났다. 1990대 들어서 <NYPD 블루>, <X-파일> 등의 프로그램이 마니아층의 인기를 끌면서 지상파방송의 심야시간대에 안착했는데, 이 프로그램들 또한 전형적인 에피소드극이었다. 이후 2000년대 들어서면서 케이블방송과 인터넷을 통해서 수많은 미드가 들어왔는데, 대개의 미드는 에피소드극이었고, 참으로 드물게 연속극이 있었다. 물론 연속극이라고 하더라도 연속극과 에피소드극의 복합적 형태로 볼 수 있다.

물론 미국에도 연속극이 없는 것은 아니다. 소프오페라(soap opera)라는 장르는 우리나라 오전 시간대나 저녁 8시 시간대의 일일연속극에 해당하는데, 전형적인 연속극의 형식을 띠고 있다. 소프오페라는 미국에서 오전과 낮 시간대에 시청이 가능한 주부층을 중심으로 팬층을 형성하고 있다. 그러나 중요한 것은 우리나라를 포함한 해외시장에 수출되고 있는 드라마는 대체로 소프오페라가 아니라 에피소드극이 중심이 된다는 것이다. 우리나라 지상파 채널의 편성에서 채널별로 언제나 한 편 이상 유지되고 있는 사극이 미드에는 좀처럼 나오지 않는 것도 같은 맥락에서 이해할 수 있다. 최근 수년간에는 미드에서도 <튜더스>, <롬> 등의 사극이 더러 나오고 있기는 하지만 주된 장르는 아니다.

2000년대 들어 미드 시리즈 중에서도 연속극 형태의 극을 찾아볼 수 있었다. 이는 기존의 끝도 없이 스토리가 이어지는 소프오페라 형식과는 상당히 달랐고, 그렇다고 전형적인 에피스드극은 더욱 아니었다.

예를 들면, <로스트> 등이 그 예이다.

본격적인 시트콤이 우리나라 텔레비전 프로그램으로 도입될 때까지 우리의 안방극장의 꽃은 연속극이었다. 그 당시 연속극은 텔레비전 드라마의 한 유형을 지칭하기보다는, 곧바로 텔레비전 드라마 그 자체를 가리켰다. "집에 가서 연속극이나 봐야겠다"라는 말은 딱히 연속극을 의미하기보다는 그저 어떤 드라마를 보겠다는 말이었다. 모든 텔레비전 드라마가 연속극이었던 것은 아니다. 수사물인 <수사반장>, 판타지물인 <전설의 고향> 등은 전형적인 에피소드 극이었다. 이들 프로그램이 당시 인기 프로그램이기는 했지만, 우리의 안방극장을 뜨겁게 달구었던 드라마는 역시 연속극이었다. 각 시대의 대표적이었던 연속극들을 살펴보면, <여로>, <사랑과 야망>, <모래시계>, <불멸의 이순신> 등이 있었다. <허준>, <대장금> 등의 사극은 연속극이면서도 한두 주를 단위로 하나의 에피소드 중심으로 진행되는 복합적인 형태를 띠고 있었다. 이런 유형의 극들은 기본적인 스토리가 진행되지 않고 동일한 세팅하에서 매주 다른 소재를 다루는 수사물이나 시트콤과는 달리, 주인공의 일대기를 그리면서 이야기의 큰 흐름은 진행이 되는 형태를 띠고 있었다. 그만큼 우리나라 드라마는 연속극적 성격을 완전히 탈피하기 쉽지 않았으며, 오히려 시청자의 취향에 편승하여, 2000년대 이후에는 에피소드극 형태의 연속극이 드라마의 주류적인 포맷으로 자리 잡았다.

위험 부담을 극복할 다채로운 전략들은 구사되고 있지만, 기본적으로 할리우드 영상산업은 인터넷 동영상 서비스, 모바일 동영상 서비

스, 디지털 방송 등 새로운 미디어 도입에 직면하여 위기감을 가지고 있
다. 물론 위기를 도약의 기회로 삼고자 하는 시도 또한 계속되고 있지
만, 결국은 영상 콘텐츠 상품 자체가 본질적으로 갖는 불확실성을 끌어
안고 가는 방법을 모색하려는 시도로 볼 수 있다.

11장 텔레비전을 떠난 드라마

현실의 상품이 PPL을 통해 드라마 속으로 들어가는 것과는 달리, <로스트>에 등장한 다르마와 같은 가상적 기구는 드라마에서 생성되어 '다르마'라는 브랜드의 티셔츠, 모자, 노트북(공책) 등의 상품으로 현실에 살아 나오고 있는 것이다.

비아 도무스: 게임 제작

　　Via Domus, 라틴어로 '집으로'라는 의미이다. 말만 들어도, 좀처럼 집으로 가기 어려운 이야기일 듯하다. <로스트>의 팬이라면 이미 무엇을 말하려는 것인지 눈치 챘을 것이다. 2008년 초에 유비소프트사는 텔레비전 드라마 <로스트>의 스토리를 가지고 '로스트: 비아 도무스'라는 게임을 제작했다. 드라마 <로스트>는 비행기 추락과 함께 4차원의 세계에 빠져든 주인공들이 집으로 돌아가는 길을 찾으려고 하는 이야기인데, 게임 '로스트: 비아 도무스'는 드라마에 등장하지 않았던 기자 엘리엇의 시각에서 전개된다. 드라마에서 사용한 대사들이 많이 나오기 때문에 드라마를 먼저 시청하고 나서 이 게임을 하는 게 유리하다. 갑작스러운 비행기 사고의 순간을 묘사한 게임의 처음 부분은 시즌 1의 파일럿 첫 신과 거의 동일하게 진행된다.

　　<로스트>는 멀티플랫폼과 글로벌 미디어 시장 환경 등에 부합하게 기획되어 2004년에 처음으로 세상에 나왔다. 2009년 시즌5까지 마치고, 2010년에 시즌6이 나올 예정이다. 이 드라마는 제프리 리버, 데이먼 린델로프, J. J. 에이브람스 등의 창작에 기초하고 있으며, 에이브람스 자신이 대본 작업에 참여했다. 에이브람스는 비교적 소규모의 마니아층을 확보한 스파이 시리즈 <Alias>의 기획자였다.

　　<로스트>는 2008년 미국 시사주간지 ≪타임(TIME)≫의 '올해의 텔레비전 드라마 10편'에 선정된 데 이어, 미국 영화연구소(AFI)에서 선정한 '올해 최고의 텔레비전 프로그램'에 올랐다. AFI 선정의 '최고 텔레

> **＊ 〈로스트〉의 크레디트**
>
> 프로듀서: 브라이언 버크, 데이먼 린델로프, 사라 캐플런, 장 히긴스, J. J. 에이브람스
> 각본: 브렌트 프렛처, 데이비드 퓨리, Javier Grillo-Marxuach, 제프리 리버, 폴 디니, 데이먼 린델로프, 린 E. 릿, J. J. 에이브람스
> 스토리: 제프리 리버, 데이먼 린델로프, J. J. 에이브람스
> 감독: 잭 벤더, 턱커 게이츠, 마리타 그래비악, 케빈 훅스, 그렉 예이테인스, 마이클 친베르크, J. J. 에이브람스
> 제작: 터치스톤 텔레비전, 배드 로봇, 터치스톤 픽처스

비전 프로그램'을 보면, 〈로스트〉, 〈브레이킹 배드〉, 〈인 트리트먼트〉, 〈매드멘〉, 〈라이프〉, 〈존 애덤스〉, 〈오피스〉, 〈리카운트〉, 〈쉴드: XX 강력반〉, 〈와이어〉 등이 포함되어 있다. 〈로스트〉는 우리나라에서 KBS2TV, XTM, CGV 등을 통해 방송된 바 있으며, 한국인 배우 김윤진이 출연하여 더욱 주목을 받았다.

1시간짜리 두 편으로 구성된 〈로스트〉의 파일럿은 1,000 ~1,400만 달러(100~140억)가 소요되어 미드 역사상 가장 비싼 제작비를 들인 작품으로 손꼽히고 있다. 보통의 1시간짜리 미드 한 편의 에피소드 제작비가 200~400만 달러 정도라고 볼 때, 〈로스트〉의 제작비는 놀라운 수준이다. 주요 배역들의 수가 많을 뿐 아니라 에피소드를 거듭할수록 이들의 비중이 비교적 고르게 분배되었다. 또 캘리포니아나 네바다가 아닌 하와이를 촬영지로 잡고 있어서 제작비가 크게 상승한 것으로 보

인다. 그 규모에 걸맞게 파일럿의 시청자 수는 1,800만 명을 넘었고, 매 시즌 꾸준히 1,500만 명은 넘어서고 있다.

'로스트: 비아 도무스'의 사례에서처럼 미드의 줄거리에 기초하여 게임을 출시하는 것은 이제 드문 일이 아니다. 게임 시장은 성공을 꿈꾸는 모든 미드의 잠재적인 시장이 되었다. 또 다른 사례들을 잠깐 살펴보면, 모바일 게임 개발사인 게임로프트[1]는 <CSI>를 소재로 개발된 모바일 게임을 2007년에 출시했다. 이 게임은 <CSI: 마이애미>, <CSI: 뉴욕>, <CSI> 등에 기초하고 있으며, 전 세계 이동통신사에 서비스를 공급하고 있다. CSI 모바일 게임은 게임 유저가 CSI 수사관의 시각에서 범죄의 증거를 수집하고 분석하면서 용의자를 심문하는 과정을 통해 사건 해결에 도달하는 줄거리로 구성된다.

미국 ABC의 <그레이 아나토미>도 게임로프트사가 모바일 전화 게임으로 개발하여 2008년 출시했고, 2009년 유비소프트(Ubisoft)가 ABC스튜디오와의 계약하에 Wii, 닌텐도DS, PC 등에서 이용할 수 있는 비디오 게임을 출시했다.[2] <그레이 아나토미>는 외과병동을 다루는 병원 드라마인데, 어드벤처나 액션 등이 아닌 이런 소재를 가지고 게임을 개발하는 것 자체가 흥미로운 일이 아닐 수 없다. 게임은 메레디스 그레이를 외과 전문의로 성장시키는 내용으로 외과적 진찰, 수술, 인간관

---

[1] www.gameloft.com. 게임로프트사는 모바일 게임 개발 및 유통업체로, <위기의 주부들>, <히어로즈> 등의 모바일 게임도 개발하여 시장에 공급했다.

[2] www.ubi.com, www.ubisoftgroup.com.

표 11.1 드라마의 게임화 사례

방송 프로그램명	게임화된 상품
로스트	로스트: 비아 도무스(PS3)
CSI	CSI: 마이애미[모바일 게임(아이폰)]
프리즌 브레이크	프리즌 브레이크(PC, Xbox360, PS3)
그레이 아나토미	그레이 아나토미(모바일 게임)
24시	24 Special Ops[모바일 게임(아이폰/아이팟터치)]
위기의 주부들	위기의 주부들: 더 게임(PC 게임)
히어로즈(Heroes)	히어로즈: 더 모바일 게임(모바일 게임)
스푸크스(Spooks)(영국)	스푸크스(모바일 게임)
몽크	몽크 모바일 클럽(온라인 커뮤니티 서비스)

계 등을 중심으로 전개된다. 이 게임은 우리나라에서도 2008년 초에 모바일 전화 게임으로 도입되었다. 미스터리 코미디로 분류할 만한 <위기의 주부들>도 '위기의 주부들: 더 게임'이라는 게임으로 시장에 나왔다.

'프리즌 브레이크' 게임은 주트플라이(ZootFly)에서 개발하여 드림캐처 인터렉티브(DreamCatcher Interactiv)에서 2010년 발매할 예정으로 PC, Xbox360, 플레이스테이션3(PS3) 등에서 사용할 수 있는 게임으로 개발 중이다. <프리즌 브레이크>는 누명을 쓴 형을 구하기 위해 감옥에 간 마이클 스코필드가 탈옥을 시도하면서 벌어진 이야기로 미국에서 대단한 인기를 모았으며, 우리나라 방송에서도 많은 팬들을 확보하고 있다. 참고로 플레이스테이션3(Playstation3)는 PS3로 줄여서도 불리는 소니사의 게임기이고, Xbox360는 마이크로소프트사의 게임기이며, Wii는 닌텐도사의 게임기 이름이다.

미드의 게임은 텔레비전 드라마가 텔레비전을 떠난 형태를 보여주었는데, 사실 텔레비전 드라마가 텔레비전을 벗어나는 더 손쉬운 형태는 멀티플랫폼 시대에 인터넷이나 모바일 전화에서 제공되는 동영상 서비스이다. 예를 들면, <로스트>는 미국 지상파 네트워크인 ABC를 통해 방송된 이후에도 위성방송, 케이블방송, 애플의 아이튠스(iTunes)로 제공되었다. ABC사이트에서는 2006년부터 광고 수입을 수익 모델로 하여 미국 내 시청자를 대상으로 하여 무료 스트리밍 서비스를 제공했다. 2008년 이후부터는 HD수준의 스트리밍 서비스를 제공하고 있다. AOL Video, 마이크로소프트 Xbox Live에서도 서비스되고 있으며, 홀루(www.Hulu.com)를 통해서도 무료로 제공되고 있다.

이처럼 텔레비전 드라마와 동일 형태의 콘텐츠를 이종의 플랫폼을 통해 유통시키는 것과는 달리, 미드의 게임 출시는 기본적인 콘텐츠 스토리에 기초하여 새로운 콘텐츠를 생산해낸 것인데, 흔히 OSMU(One Source Multi Use)라고 부른다. OSMU는 하나의 스토리 소스를 활용하여 영화, 텔레비전 드라마, 음악, 책, 게임, 애니메이션 등의 다양한 형태로 사용하는 것을 의미한다. OSMU는 콘텐츠 산업에서 새로운 방식이 아닌 오래된 전략 중 하나이다. 그런데 멀티플랫폼 시대에 더욱 다양한 형태로의 콘텐츠 개발이 가능해지면서, OSMU는 주요한 콘텐츠 전략으로 주목받았다. <반지의 제왕>과 같은 오래되고 탄탄한 스토리에 기반을 둔 영화나 게임의 제작 등이 이루어진 사례뿐 아니라, <해리 포터>와 같은 최근작이 훌륭한 콘텐츠 소스가 되어 멀티유즈 되는 사건도 목격했다.

디지털 플랫폼은 인기 있는 콘텐츠를 새로운 포맷으로 만들어 스토리의 생명력을 연장시키는 역할을 했다. 특히 모바일용 게임은 휴대용 게임기뿐 아니라 모바일 전화로 유행을 일으키고 있다. 모바일 전화 사용 인구는 급속히 늘어나 그 보급률이 현재 거의 100퍼센트에 달해, 모바일 전화용 게임의 보급은 드라마와 게임 산업에 새로운 가능성을 제시하고 있다. 모바일 전화사들은 업계 내 경쟁뿐 아니라 융합 환경에서 케이블 텔레비전의 VoIP, Wibro 등 이종 매체들과의 경쟁에서 생존하기 위해 게임과 같은 매력적인 서비스들을 도입하는 데 적극적이다. 이제 성공한 스토리는 하나의 브랜드 역할을 하게 되었다.

다르마와 하이퍼시리얼리티(Hyperseriality)

텔레비전 드라마가 텔레비전을 떠나는 다른 형태를 이야기하기 위해서, 우리는 다시 <로스트>로 돌아가야 한다.

<로스트>는 기획부터 리얼리티적 요소를 도입했고, 멀티플랫폼 상황도 염두에 두었으며, 프로그램에 대한 시청자 개입도 고려하여 개발되었다. 처음에 ABC의 오락국장인 로이드 브라운(Lloyd Braun)은 CBS의 리얼리티쇼인 <서바이버(Survivor)>와 같은 드라마의 제작을 제안했다. <서바이버>는 무인도에 갇힌 사람들이 다른 경쟁자들을 떨쳐내고 최종 승자가 되기 위해 경쟁과 담합을 해나가는 과정을 보여주는 리얼리티쇼이다. 1990년대 이후 리얼리티 프로그램의 영향으로 드라마에서

도 리얼리티적 프로그램을 도입하는 경향이 생겨났는데, <로스트>도 그런 경향에 속한다고 볼 수 있다.

원래는 1990년대 미디어 그룹들의 통합이 본격화되면서 비용 절감 전략을 실현하는 방편으로 리얼리티 프로그램이 개발되었다. 핀신 규칙이 1995년 완전히 폐지되어 네트워크의 자체 제작이 늘어나면서, 고비용 프로그램은 시장에서 부담스러운 상품이 되었다. 리얼리티 프로그램은 이러한 환경 변화에 대응하는 좋은 대안이 되었다.

프로젝트에 참여한 에이브람스와 린델호프는 <서바이버> 같은 단순한 스토리로는 주간 드라마로 충분하지 않다는 데 의견을 모으고, 다른 장르와 혼합하기로 했다. 게다가 국제적인 캐스팅을 시도함으로써 광범위한 시장에서 이 프로그램이 어필하도록 처음부터 기획했다. 그렇게 함으로써 <로스트>는 프로그램의 세계 속에서만 시청자들을 머물지 않게 해, 시청자들이 텔레비전을 벗어나서 다양한 미디어 플랫폼에서 소비하도록 기획되었다. 이것을 이 프로그램의 가장 큰 힘으로 볼 수 있다.

<로스트>의 공식 홈페이지인 'I-am-lost.com'에 시즌2부터 등장한 '다르마(Dharma) 발의'의 정보를 제공했다. 다르마 발의는 Department of Heuristics and Research on Material Applications을 의미하는데, <로스트>에 나오는 가상적인 프로젝트명이다. 다르마는 산스크리트어로 부처의 가르침이란 뜻도 있다. 정작 <로스트>에서 다르마의 상징으로 그려놓은 것은 주역의 8괘로 동양에 대한 몰이해가 반영되고 있기는 하지만, 아무튼 <로스트>에서 다르마는 불교적인 것, 동양적인 것, 고대의 신비, 예언 등과 관련되어 있다.

I-am-lost.com에는 '다르마 발의'가 마치 실제적인 연구 프로젝트처럼 배경이 설명되어, <로스트>의 현실감을 높여주었다. 드라마를 볼 때 시청자들은 다르마를 접하더라도 판타지겠지 생각하다가, 드라마의 공식 홈페이지에서 다큐멘터리로 제작된 다르마에 대한 정보를 접하면서 실제로 일어나는 일일지도 모른다는 착각을 하게 된다. 그러한 착각은 시청자가 의식하든 하지 않든 시청자들이 텔레비전 시청으로 돌아왔을 때, 픽션적인 요소들을 리얼리티로 수용하게 하는 효과를 가질 수 있다. 텔레비전이 아닌 다른 미디어를 통해서, 그것도 이성적인 측면이 더 강조된 다큐멘터리를 통해서 다르마에 대한 정보를 접하기 때문에 시청자들은 허구적 이야기를 더 쉽게 수용하게 된다. 다르마는 온라인 공간에서 팬들의 커뮤니티 활동을 통해서 드라마 속 이야기를 넘어서 계속 생명을 얻어가고 있다.

이런 현상을 두고 오버플로(overflow)[3] 혹은 하이퍼시리얼리티(hyperseriality) 등의 용어로 칭하는 학자도 있었다.[4] 이는 텔레비전 속의 가상 이야기들이 다른 플랫폼 혹은 현실 속으로 전이되는 현상을 표현한 말이다. 현실의 상품이 PPL을 통해 드라마 속으로 들어가는 것과는 달리, <로스트>에 등장한 다르마와 같은 가상적 기구는 드라마에서 생성되어 '다르마'라는 브랜드의 티셔츠, 모자, 노트북(공책) 등의 상품

---

[3] H. Brooker, "Living on Dawson's creek: teen viewers, cultural convergence, and television overflow," *International Journal of Cultural Studies*, Vol. 4, No. 4(2001), pp.448~455.

[4] J. H. Murray, *Hamlet on the Holodeck: The future of narrative in cyberspace* (New York: The Free Press, 1997); R. Pearson, *Reading lost*.

으로 현실에 살아 나오고 있는 것이다. 마케팅업계에서는 이를 두고 역 PPL(Reverse Product Placement, RPPL)이라고도 한다. 이런 현상들을 설명하는 신조어인 하이퍼시리얼리티는 '과연속성' 정도로 번역될 수 있을 것 같다. <로스트>는 DVD, DVR, 다운로드 등 디지털 기술이 시청자로 하여금 광고를 피할 수 있게 만든 시대에 프로듀서가 어떻게 수입원을 다변화시키는지를 보여주었다.[5]

종결의 무의미: <소프라노스>의 사례

텔레비전 드라마가 텔레비전을 떠난 또 다른 흥미로운 사례로 미국에서 대단히 센세이션을 일으킨 드라마 <소프라노스>의 이야기를 하고자 한다. 이 드라마는 HBO에서 1999년 1월 10일에 시작한 마피아 중간 보스의 이야기를 다룬 범죄 코미디물로, 우리나라에서는 크게 주목받지 못했던 드라마이다. 그러나 미국에서는 지상파 네트워크가 아닌 영화전문채널에서 제작하여 빅히트를 시킨 최초의 드라마 시리즈이다. 지상파 네트워크를 택하지 않았기에 범죄, 거친 언행, 성적 표현들이 거침없이 나온다.

---

[5] cf. R. Pearson, *Reading lost*.

<소프라노스>는 스토리가 종결되지 않은 채 끝났다. 이 시리즈는 2007년 시즌6을 마지막으로 종료되었지만, 그것으로 끝나지 않고 온라인에서 미국의 시청자들 사이에서 계속 회자되면서 완결되지 않은 스토리의 확장이 이어졌다. 그래서 극 중의 이야기는 프로그램이 끝났을 때에도 끝나지 않았다. 이러한 종결은 일부 팬들과 비평가들로부터 비판을 받기도 했지만, 미종결 그 자체로서 <소프라노스>는 새로운 생명력을 얻게 되었다고 볼 수 있다. 이는 방송 프로그램의 일회성이 극복된 멀티플랫폼 환경에서 시청자들의 자발적 참여로 가능해졌다고 할 수 있다.

　　주인공 토니 소프라노 역은 제임스 갠돌피니가, 카멜라 소프라노의 역할은 에디 팔코가 맡았다. 뉴저지의 마피아 가문인 소프라노스의 가장인 토니는 깡패로서 못된 짓하랴, 가족들과 마피아 패밀리들을 챙기랴, 신경 쓰이게 구는 애인까지 마음 쓰랴 정말 바쁘다. 액션, 폭력, 심리적 묘사 등이 복합적으로 구성된 뛰어난 드라마이다.

　　미국에서 좀처럼 나오기 어려운 스토리의 이 작품은 보통 사람들의 일상적 삶을 깊이 있게 조명한 수작으로, 데이비드 체이스의 고집스러운 작업의 결과물이다. 스토리의 창작자인 데이비드 체이스는 프로듀서팀의 일원으로서 그리고 작가팀의 일원으로서 동시에 참여했다. <CSI>의 창작자인 주커는 롱워스 커뮤니케이션스의 대표 롱워스(James L. Longworth)와의 인터뷰에서 자신이 가장 좋아하는 다른 작가의 작품으로 <소프라노스>를 꼽은 적이 있으며, 데이비드 체이스를 신이라고까지 극찬했다.[6]

폴란(Polan)은 2007년 <소프라노스>가 종료된 후인 2009년에 발표된 저술 『소프라노스(The Sopranos)』에서 "프로그램 종결의 무의미"라는 제목의 서문을 썼다.7 그러한 서문 제목을 쓴 중요한 이유로 뉴미디어의 역할 증가를 꼽았다. 모든 에피소드의 방송이 종료된 후에도 웹과 같은 뉴미디어의 활용은 텔레비전 프로그램의 라이프 사이클을 확장시키고 증폭시키는 역할을 한다는 점을 역설한 것이다. 웹에서 팬들은 온라인 카페나 블로그를 통해 애호 프로그램에 대해서 계속 논하고 이야기하면서 그 문화를 확장시켜나가고 있다. 이는 <소프라노스>만의 현상은 아니며, 인터넷으로 연결된 현대의 모든 텔레비전 프로그램에 적용되는 이야기이다. 다만, <소프라노스>라는 미국에서 빅히트를 했을 뿐 아니라 비평가들로부터 뜨거운 찬사를 받았던 드라마를 통해 그러한 문화적 현상을 확인했다고 볼 수 있다.

스포일러

<소프라노스>의 사례에서 본 것과는 다른 의미에서 드라마 시청자들의 활동이 드라마를 텔레비전 밖으로 끌어내는 경우를 살펴보고자 한다.

6 J. L. Longworth, *TV creators*, p.99.
7 D. Polan, *The Sopranos* (Durham, NC: Duke University Press, 2009).

열성적인 드라마 시청자들의 활동은 제작 현장으로까지 스며들었다. 독자들은 이미 스포일러를 말하려고 하는 것을 눈치 챘을 것이다. 스포일러의 활동은 텔레비전 시청의 새로운 문화로 볼 수 있다. 스포일러(Spoiler)는 텔레비전 시청, 연재소설, 만화, 영화 등에서 아직 공개되지 않은 다음 줄거리를 집요하게 찾아내어 네티즌들에게 알리는 행위이다. 그렇게 함으로써 다음 이야기를 기대하고 예상해보는 수용자들의 긴장감을 낮추어 흥을 깬다고 해서 스포일러라고 칭하게 되었다.

이들은 구글 인공위성 사진이나 각지에 흩어져 있는 스포일러들의 정보를 온라인 카페 등에서 교류하면서 촬영지를 미리 찾아내어 줄거리를 엿보기도 한다. 심지어는 이 스포일러들의 활동을 경계해서 프로듀서들은 의도적으로 허위 정보를 흘려 공식적인 공개 이전에 줄거리가 새나가지 않도록 특별한 관리를 하기도 한다. 미스터리나 SF 장르의 시리즈물일 경우에 줄거리가 미리 흘러나간다는 것은 시청의 흥미는 물론이고 흥행에도 치명적인 손상을 입을 수 있다.

<트루 블러드>의 책임 프로듀서인 알란 볼은 2009년 한 라디오 방송 인터뷰에서 스포일러의 방해에 대한 질문에 다음과 같이 대답했다. "물론 소설에 쓰인 부분에 대해서는 비밀을 유지할 방법이 없다. 신들의 시청(試聽)에 대한 이야기가 얼마나 빨리 인터넷에 돌고 있는지를 보고 놀랐다. 사람들은 드라마에 대해 열광하고, 그것의 한 부분인 것처럼 느끼고 싶어 한다. 그러나 우리는 사람들이 엉터리로 알게 하려고, 쇼에서 절대 보여주지 않을 장면들에 대한 정보를 슬쩍 제공하기도 한다. 때로는 실제 쇼에서 보여줄 것과 정반대의 것을 제공하기도 한다."

스포일러, 이 용어는 인기 미드에 대한 시청자들의 열광이 텔레비전 시청 상황을 넘어서 다른 미디어 플랫폼에서의 활동, 오프라인에서의 활동 등과 연계되면서 비로소 세상에 나오게 된 말이다. 기획자의 의도에 따라 드라마가 현실 세계로 살아나오는 다르마 현상과는 달리, 스포일링은 스포일러로 불리는(혹은 자처하는) 열광적 시청자들이 드라마를 꿈으로서 놔두지 못하고 드라마 제작 과정과 제작 현장 등을 뒤져 꿈의 세계를 현실 세계로 끌어내는 일을 말한다.

12장 미드에 대한 세 가지 오해

창작은 사람이 하는 것이고, 모든 아이디어와 감동을 주는 힘은 사람에게서 나온다. 그리고 큰돈을 다룰수록 한층 조직적으로 돈을 다룰 수 있는, 그러고도 작품성을 훼손시키지 않고 오히려 살릴 수 있는 전문적 훈련을 받은 창작자, 프로듀서, 감독, 에이전트 등이 필요하다.

미드는 사전 제작이다?

'쪽대본'이란 말이 우리나라 방송가의 은어처럼 쓰이더니, 이로 인한 제작진 내부의 갈등이 시청자들에게까지 알려지면서 일반 시청자들까지도 방송 드라마 제작의 현실에 대해 관심을 갖게 되었다. 편성 시간에 쫓기어 대본 의뢰가 이루어지다 보니, 촬영 당일에 임박해서 배우들이 대본을 받아 보는 일도 있다는 것이다. 대본을 충분히 검토하지 못하는 이는 배우들만이 아니라 감독이나 촬영감독, 조명감독도 매한가지다. 이렇게 작업을 하다 보면, 작가뿐 아니라 배우와 스태프들이 극도로 피곤해지기 마련이다. 그런 상태에서 촬영이 이루어지니 완성도가 높겠냐는 비판이 나오는 것이다.

게다가 완성도 높은 미드가 국내 케이블방송의 편성에 주요한 부분을 차지하게 되면서 시청자들은 우리나라는 왜 미드처럼 만들 수 없는 것일까 하는 의문을 가지게 된다. 이에 대한 해답으로 가장 손쉽게 찾곤 하는 대안은 '사전 제작'이다. 시간을 충분히 갖고 사전 제작한 다음에 편성에 들어간다면 시간에 쫓기어 촬영하는 일도 없을 것이고, 그렇게 되면 작품의 완성도도 더 높아질 것이라는 것이다. 그런 이야기를 할 때, 사전 제작의 앞에 '미드처럼'이란 수식이 따르곤 한다. '미드처럼 사전 제작을 하면 쪽대본이란 말과 그로 인한 문제들이 사라질 것이 아닌가' 하는 뜻일 것이다.

이와 관련해서 두 가지를 지적하고자 한다. 첫째, 미드는 일반 시청자들이 생각하는 방식으로 사전 제작되는 것이 아니라는 점이다. 일반 시청자들이 주로 생각하는 사전 제작은 영화제작처럼 시리즈 전편의 물리적인 완제품(예를 들면, 필름, 테이프, 디지털 파일 혹은 DVD 형태)을 방송사에서 확보한 다음에 편성 시간에 맞추어 송출하는 것이다. 외주제작일 경우에는 독립제작사가 시리즈 전편의 완제품을 가지고 방송사와 가격 거래를 끝내고 테이프를 넘기는 것을 의미하는 것이다. 네트워크 자체 제작(in-house production)일 경우에는 예정 편성 시즌이 되기 전에 시리즈 전편에 대한 자체 제작을 마친 상태를 의미한다. 그러나 그런 의미에서라면 미드는 사전 제작되는 것이 아니다.

　　미드의 경우에 스튜디오가 네트워크와 작품을 검토하는 시점에 시리즈의 모든 에피소드 아이템이 거의 개발되어 있어야 한다. 이 책의 9장에서 이미 보았듯이, 먼저 아이디어가 수용되면 파일럿 대본을 검토한 다음 몇 차례 수정 과정을 거치면서 진행된다. 파일럿 대본이 승인되면 파일럿 제작을 하게 된다. 파일럿 제작은 다른 에피소드보다 시간이 좀 더 소요되어 약 2주가 걸린다. 보통은 우리나라 드라마 제작과 비슷한 7일 정도가 소요된다. 그러나 대본 및 사전 준비가 철저히 된 상태에서 출발하는 7일이기 때문에 우리나라 드라마에서의 1주일 작업보다는 촬영에 더 많은 시간을 쓸 수 있다. 그래도 미드도 그 나름대로 촬영 일정이 빠듯하게 운영되기는 한다.

　　파일럿이 좋은 반응을 얻어 시리즈 계약을 하게 되면, 일반적으로 6~7월경부터 가을 시즌을 위해 다시 제작이 시작된다. 시리즈는 12~25편 정도로 구성이 되는데, 많은 경우에는 가을 시즌이 시작할 즈음 전체 시리즈의 40~60퍼센트 정도의 제작이 완료되어 있다. 지상파 네트워크의 경우에는 13편의 에피소드를 먼저 주문하여 방송하고, 방송되는 중에 시청률이 만족스러우면 "The Back Nine"으로 불리는 9편이 추가로 주문되어 총 22편 정도 주문된다. 20편 이상이 제작되면, 가을부터 봄까지 방송이 이어지게 된다. 케이블 네트워크의 경우는 12~13편 정도 제작되어 순환 편성된다.

이렇듯 방송이 시작될 시점에 전편이 모두 제작되어 있지 않는다는 점에서 일단 일반 시청자들이 생각하는 것처럼 미드는 사전 제작되는 것이 아니다. 더 중요한 것은 앞서 설명했듯이, 미드는 완제품을 가지고 계약하는 것이 아니라, 파일럿과 에피소드 아이디어를 가지고 그 가능성에 기초해 계약을 결정한다는 점이다.

우리나라 드라마와 비교할 때 편성 일자보다 훨씬 미리 제작이 완료되어 있을 뿐 아니라, 에피소드마다 작가와 감독이 다르게 선임되므로 더 치밀하게 준비할 수 있다. 그래도 사람이 하는 일이라서 간혹 대본이 나오지 않아서 시즌이 조기 종영되거나 결방되는 일도 있다. 그럴 때마다 사람들은 "할리우드에서 이런 일이……"라고 말하는데, 할리우드에서도 가능한 사고는 다 일어난다. 미드의 감독들도 대본을 늦게 보내주는 작가들 때문에 골머리를 앓는다. 감독들은 아무리 늦어도 연습 하루 전에는 대본을 보내줄 것을 요구한다. 늦은 대본으로 인해 이후에 감독이 할 작업에 차질이 빚어질 때, 감독들은 강력하게 대응하기도 한다. 우리나라 방송이 문제가 있을 때마다 손쉽게 미국의 예를 모범적 사례로 드는 것은 고약한 버릇인 것 같다.

둘째, 방송 드라마의 사전 제작이 생각처럼 용이하지 않다는 점이다. 특히 네트워크와 연계되지 않은 중소형 스튜디오가 사전 제작된 완제품을 가지고 네트워크에 방송권을 판매하는 방식의 완전한 사전 제작제를 택하기 어렵다. 미리 완성된 작품은 시장에서 대단히 큰 위험에 노출된다. 개별적 판단이든 담합에 의한 것이든 네트워크들이 그 프로그램을 구입하지 않게 되면 가격이 하락하여 제작비를 건지기도 어려워질 수 있다. 완제품 형태로 사전 제작한다는 말은 네트워크에 방송되기 전에 바로 신디케이션 시장에 프로그램을 내놓는 것을 의미한다. 네트워크들은 신디케이션 시장에 나온 프로그램의 방영권만 싸게 구입하려고 들 것이다.

우리나라의 독립제작사가 사전 제작을 하기 어려운 이유도 미드의 경우와 같다. 사전 제작할 비용을 감당할 수 있는 제작사도 드물지만, 했다손 치더라도 네트워크와 계약이 순조롭지 않으면 가격이 떨어진다. 고가의 미니 시리즈를 사전 제작했을 때, 고객이 너무나 제한적이다. 이 프로그램의 사전 제작비를 보상하면서 구입할 수 있는 회사는 지금으로서는 우리나라에 KBS, MBC, SBS 세 곳밖에 없다. CJ미디어와 같이 규모가 큰 미디어 기업이 있지만, 케이블방송의 시청률이 제한적이기 때문에 지상파 네트워크 방송용으로 제작된 미니시리즈의 초방권을 구입하기는 아직 역부족이다. 일본 시장이 있기는 하지만, 지상파 네트워크에서 초방을 하지 못한 작품을 해외에서 고가 구입할 가능성은 희박하다. 간혹 방송 박람회 등에서 방송도 안 된 프로그램이 입도선매되는 경우도 있지만, 이 역시 국내 지상파방송에서 편성이 결정되어 있는 경우다. 일반적으로 국내 지상파 네트워크의 편성 여부와 시청률이 가격을 좌우한다.

이런 이유로 어떤 제작사도 위험을 무릅쓰고 드라마의 사전 제작을 감행하지 않는다. 만약 독자들이 우리나라 방송드라마를 사전 제작했다는 얘기를 듣는다면, 그것은 완전한 사전 제작을 의미하는 것이 아니라 할리우드 스튜디오와 네트워크의 거래 방식에 가깝다고 보면 될 것이다.

미드의 편성과 제작은 완전 분리다?

우리나라 방송, 특히 지상파방송을 비판하는 소리들 가운데 편성과 제작이 분리되지 못한 수직 결합적 구조라는 점이 늘 포함되어 있었다. 즉, 방송사가 편성하고 제작하는 시스템이라는 것이다. 이미 이런 구조가 부분적으로 무너진 지 꽤 오래 되었음에도, 텔레비전 방송구조를 꼼꼼히 들여다볼 겨를이 없었던 일반 시청자들 중에는 이 점에 대한 오해가 아직도 남아 있었다. 이러한 비판은 방송사에 대한 사회적 감정이 좋지 않을 때면 더욱 불거지는 듯했다. 그러면서 미국과 같이 방송사는 편성만 하고 제작사는 제작만 하는 구조로 가야 한다고 주장하곤 한다. 간단히 결론부터 말하자면, 미국 지상파 네트워크에서의 편성과 제작의 분리는 1995년 이후 법적인 근거를 잃었다. 외형적으로는 여전히 편성과 제작이 분리되어 있지만, 실질적으로는 제작이 수직적으로 결합된 계열사 스튜디오에서 이루어지고 있다.

네트워크가 제작을 하고 싶지 않을 이유가 있을까. 당연히 없다. 네트워크가 제작사와 수직적 결합을 이룬다면, 거래비용(transaction cost)을 크게 줄일 수 있다. 독점의 무엇보다 중요한 효과는 거래비용의 감소이다. 거래비용은 생산과 관련되지 않은 거래, 협상, 계약 등에서 발생하는 비용을 말한다. 일부 학자들은 수직 결합적 기업들의 경우에도 거래비용이 발생하지 않는 것이 아니라고 하지만, 이는 수직 결합을 옹호하기 위한 발언일 뿐이다. 계열사 간의 거래 비용은 위험 부담을 떠안으면서 진행되는 비계열사와의 사이에서 발생하는 거래비용에 미칠 바가 아니다. 특히 텔레비전 드라마와 같이 일차적인 구매자가 제한적인 시장에서 수직 결합은 강력한 시장 파워를 행사하게 된다.

물론 수직 결합된 스튜디오가 제작한 작품이라도 시청률을 높이지 못하면 조기 종영되는 것은 마찬가지이며, 비계열사에 드라마를 팔기도 한다. 그러나 그것도 네트워크와 수직 결합된 스튜디오이기 때문에 다른 미디어 그룹의 네트워크에 드라마를 팔 수 있는 것이다. 즉, 수직 결합된 미디어 그룹 간의 거래를 말한다. 게다가 메이저 스튜디오를 소유한 미디어 그룹은 지상파 네트워크뿐 아니라, 케이블의 드라마 영화 채널들, 온라인 네트워크 및 포털 등을 보유하고 있어서, 심지어 2차 시장까지도 확보하고 있는 것이다.

그러다 보니 법적으로 규제만 하지 않으면 당장이라도 수직 결합적 구조를 회복하려는 것이다. 이 법적 규제는 핀신 규칙으로 이 책의 앞선 장들에서 두어 차례 설명한 바 있어 다시 설명하지는 않겠다. 다시 확인하고 싶으면, 2장의 설명을 보는 것이 도움이 될 것이다.

편성과 제작의 분리하에서는 네트워크가 스튜디오에 제작비를 보상하려고 들지 않는다. 왜냐하면 네트워크는 방영권만 구입하는 것이기 때문이다. 예를 들면, 스튜디오가 200만 달러를 들인 에피소드를 구입할 때, 네트워크는 라이선스 요금을 100만 달러 정도만 지급하려고 들 수도 있다. 스튜디오는 스스로 알아서 다른 데서 영업을 하여 나머지 100만 달러를 보상받고, 추가로 수익도 올려야 한다. 예를 들면, 해외의 방송시장이나 비디오 대여, 드라마 화보집, 머천다이징 등을 말한다.

그런데 편성과 제작의 분리가 와해되면 네트워크는 프로그램의 저작권을 확보하게 된다. 스튜디오는 더 안정적으로 제작할 수 있으며, 네트워크는 드라마의 저작권을 통한 수익 창출을 할 수 있다. 그리고 미디어 그룹의 계열사 간에 돈이 이동하는 꼴이 되어 윈-윈(win-win)이 될 수 있다. 물론 각 계열사의 이사들은 자사의 수입과 수익에 따라 평가받으므로, 그룹의 이익과는 다른 차원에서 이 문제를 수용할 수도 있다. 그러나 대주주의 입장에서는 밖으로 지출되어야 할 비용이 자기 지갑 안에서 옮겨가는 것이기 때문에 흐뭇한 일이다.

사실상, 최근의 미드는 대체로 미디어 그룹의 계열사 스튜디오에서 제작이 이루어지고 있다. CBS는 CBS 텔레비전 스튜디오, NBC의 유니버설 미디어 스튜디오, ABC의 ABC스튜디오, FOX의 FOX 텔레비전 스튜디오 등이 그 예이다. 독립제작사 입장에서는 이런 메이저 스튜디오보다는 중소 스튜디오와 작업을 하는 것이 훨씬 저렴하다. 메이저는 사무실 임대료, 주차료, 우편물 수령, 직원 서비스 등에 높은 요금을 청구한다. 다른 스튜디오에서 작업하는 것이 저렴함을 알면서도 자기 스튜디오의 시설과 서비스를 받을 것을 강요한다. 그렇지만 중소 스튜디오가 네트워크와 계약하는 것이 그리 용이하지 않으므로, 제대로 일을 하고자 하는 제작사는 메이저 스튜디오나 지상파 네트워크를 찾아가서 기획안을 제출할 수밖에 없다.

미드 성공의 열쇠는 높은 제작비다?

네티즌들의 미드에 대한 이야기들을 접하다 보면, 미드의 엄청난 제작비에 대한 경탄을 자주 접하게 된다. 사실 그렇다. 텔레비전 프로그램, 그것도 드라마에 그렇게 많은 돈을 쏟아 부을 이유가 뭐란 말인가? 더군다나 그에 비한다면 우리나라 제작비는 초라하게 보일 지경이다. 어제까지도 재밌게 잘 보다가 미드 제작비를 아는 순간, 우리의 드라마 구성이 엉성해 보이고, 졸속으로 제작한 듯하고, 그래픽 효과도 유치해 보인다. 미드 성공의 열쇠는 과연 높은 제작비인가? 질문을 조금 바꾸면, 우리나라 드라마가 아시아 시장을 넘어서지 못하는 것은 제작비 때문인가? 우리 드라마에도 미드와 같은 돈이 투입되면, 아니 미드의 반 정도가 투입된다면?

이 물음에 대한 대답을 하기에 앞서, 할리우드의 엄청난 규모의 제작비는 무엇으로부터 기인하는지를 이해하고 넘어가야 한다. 제작비 투입은 예상되는 수입으로부터 산출된다. 미국 드라마가 일단 제작되기 시작했을 때 가장 안정적으로 예상할 수 있는 수입은 네트워크로부터의 수입이다. 이것을 통해 최소한 제작비를 회수할 수 있어야 한다. 그리고 마케팅 비용이 만만치 않게 투입되는데, 이 부분을 해외 판매를 통해서 회수하게 된다. 그런 다음, 인터넷, DVD, 게임 개발, 머천다이징 등을 통해서 수익을 확보하게 된다. 즉, 내수시장의 규모만큼 제작비가 투입된다고 볼 수 있다.

드라마의 장르와 타깃 시청자, 계약한 네트워크 등에 따라서 시청자 규모와 광고시장 규모가 나올 것이고, 그에 적합한 제작 규모가 결정된다. <로스트>와 같이 ABC에서 편성되고, 향후 게임 개발 등의 가능성이 크고, 후속 시리즈의 제작도 용이한 구성인 경우에는 제작비 투입이 과감해진다.

물론 내수시장의 예상 규모를 초과하는 수준의 제작비를 투입할 수도 있다. 이는 해외시장과 온라인 시장, 게임 시장 등에서의 예상 수입을 낙관적으로 보는 경우에 가능하다. 할리우드가 본질적으로 높은 위험을 떠안고 행하는 사업이기는 하지만, 텔레비전 드라마와 같이 1차 시장에서의 예상 수입의 편차가 영화에 비해서 비교적 작은 상황에서 무리해서 위험을 감수하는 투자 형태를 보일 가능성은 낮다. 다시 말해서, 텔레비전 드라마 시리즈의 투자 규모는 내수시장의 규모에 의해서 제한된다고 할 수 있다.

미국 영상산업의 자국 시장의 규모는 참으로 거대하다. 2007년 미국 내 영화 박스오피스 총수입은 97억 9,000만 달러(9조 7,900억 원)이다. 같은 해 미국을 제외한 전 세계 박스오피스 수입은 183억 달러(18조 3,000억 원) 규모이다.[1] 이 자료는 영화의 박스오피스 수입에 제한된 것이지만, 미국의 영상 콘텐츠가 얼마나 안정적인 내수시장을 확보하고 있는지를 확인시켜주기에는 충분하다.

투자 규모가 내수시장 규모에 의해 제한된다는 점은 텔레비전 드라마가 특히 그러하지만 영화도 예외가 아니다. 이러한 불문율에 해당하는 원칙을 고수하지 않고 무리한 투자를 감행하자면, 누군가가 책임을 져야 한다. 누가 그런 위험을 감수할 것인가? 작은 규모의 개인 투자를 통한 영화제작이라면 투자자의 개인적 신념과 판단에 따라 위험한 투자가 이루어질 수도 있다. 그러나 할리우드의 규모가 큰 스튜디오가 제작하는 상황에서 스튜디오의 어떤 누구도 개인적 책임의 범위를 넓히려는 이는 없다. 지금도 이미 제작비의 압박이 충분히 크다. 우리나라와 마찬가지로 스타들의 출연료가 급상승하고 있어서, 작품의 질적 유지를 위해서는 제작비를 감소시킬 수 없는 상황이다.

우리나라의 방송 드라마도 한류에서의 흥행을 전제로 내수시장을 무시한 제작을 한다면 대단히 위험한 일이다. 우리나라 드라마의 해외시장은 미국의 영어권 해외시장과는 달리 상당히 불안정하다. 중국, 대만, 베트남 등 국가 통제 경제하에 있는 국가들과 거래를 하고 있어서, 우리나라 드라마의 해외시장은 거래국의 정책적 변화와 시청자들의 정서 변화에 의해 크게 좌우되기 쉽다. 그러다 보니, 가장 중요한 해외시장인 일본에 초점을 둔 드라마 제작이 늘어가고 있다. 그러나 일본에서 늘 안정적으로 우리의 드라마와 영화가 수용되었던 것은 아니다.

1 MPAA, "Theatrical Market Statistics 2008," www.mpaa.org.

결국 내수시장에서의 인기를 일차적으로 고려하지 않은 기획은 드라마의 재정적 실패를 초래하기 쉽다.

아시아의 할리우드를 꿈꾸기 위해서는 내수시장을 최대한 확장시키고, 내수시장의 수요에 민감하게 반응해야 한다. 내수시장의 힘에 의지해야 규모의 경제 효과를 볼 수 있고, 그런 후에야 해외시장이 지속적으로 확장될 수 있는 것이다. 우리의 색깔을 가꾸지 못하고 해외시장의 입맛에 그때그때 편승하는 것은 장기적으로 드라마 산업을 불안하게 만드는 주요한 요인이 된다고 본다. 많은 드라마가 해외시장에서 성공적으로 진출하는 가운데에서도 늘 한류의 끝이 곧 오지 않을까 하는 불안은 바로 내수시장에서의 수입이 안정적으로 보장되지 못하는 구조 때문이다.

시장 규모 외에 교육 시스템의 차이를 들 수 있다. 할리우드를 지탱하는 영상 교육 시스템으로 UCLA(캘리포니아대-로스앤젤레스), USC(남캘리포니아대), AFI(American Film Institute) 등이 있는데, 각기 특색을 갖고 영상 인력을 배출해내고 있다. 미국 전역에 영화 및 텔레비전 제작 학과들은 많이 있지만, 세계영화의 중심지인 할리우드를 중심으로 영화 인력들이 모이고 있으며 우수한 교수 인력을 확보하기에 로스앤젤레스보다 적임지는 없다.

USC는 필름스쿨로 특히 유명한 학교이다. 필름스쿨은 1929년 설립된, 미국에서 가장 오래된 영화학교이다. 조지 루카스, 로버트 자메키스, 브라이언 싱어 등 수많은 감독, 제작자들이 USC를 거쳐 갔다. USC는 특히 상업영화 중심의 교육이 이루어지고 있으며, 실험적인 시도도 꾸준히 지원하고 있다.

UCLA의 영화/텔레비전 스쿨은 로스앤젤레스 웨스트우드 지역에 자리 잡고 있다. 1년 내내 교내에서 영화와 드라마 촬영이 끊이지 않는다. 여기서 프란시스 코폴라 감독 등이 배출되었다. UCLA는 일인 제작 역량 강화에 많은 중점을 두고 있다.

AFI는 영화와 텔레비전, 디지털 미디어 교육을 후원하는 비영리 기관으로 할리우드 끝자락에 위치하고 있다. 매우 실무적인 교육이 중심이 되고 있으며, 특히 서로 다른 영역의 공부를 한 학생들이 어떻게 협업을 할 수 있는지에 대해서도 강조하고 있다. 칼 프랭클린, 데이비드 린치, 테렌스 맬릭 등의 감독들이 AFI 출신이다.

영화/텔레비전 스쿨의 학생들은 기성 스튜디오에 비해서도 크게 부족함이 없는 시설과 장비의 지원하에서 현업 프로듀서와 감독 등의 강의와 지도를 받으며 성장하고 있다. 이들의 졸업작품의 상당수는 아이디어는 좋으나 재정적 지원이 어려워 보이는 학생들의 독립영화 수준이 아니라, 시장에 나와도 될 수준에 이른 작품들이다. 학생들의 작품전 때는 프로듀서, 스튜디오나 독립제작사의 기획 관계자, 에이전트 등이 찾아와서 유능한 인재들이 있는지 눈여겨보기도 한다. 학생들의 작품 제작은 자비로 이루어지는 것이 아니라, 학교에서 전액 지원되기도 한다. 프로듀서를 맡은 학생들이 광고업체들의 스폰서를 확보하느라 분주히 움직인다. 많은 경우에는 기부금 형태의 스폰서를 받는 것이 아니라, 정식 사업 계약 형태를 취하기도 한다. 모든 작업은 실전을 방불케 한다.

그렇게 훈련받고 있는 학생들조차 할리우드의 현실은 참으로 무섭다고들 한다. 졸업작품을 준비하면서 접해본 할리우드의 세계는 생각보다 훨씬 냉혹하고, 말 그대로 적자생존의 장이라는 것이다. 전문가가 되기 위해 뛰어넘어야 할 큰 벽 앞에서 학생들은 긴장하게 되고, 많은 공부를 하게 되며, 각오를 새롭게 다진다. 이들 중 몇 사람의 이름을 10년 후에 다시 듣게 될까.

우리나라 텔레비전 드라마의 기획·제작 인력은 어떻게 만들어지는가? 다 알다시피, 기획이나 제작 역량을 인정받아서 이 업계에 뛰어드는 것이 아니라, 필기시험을 거쳐 회사에 입사해야 입문이 가능하다. 우리나라에도 영화학교들이 많이 있지만, 지상파방송사와 주요 케이블 네트워크는 대학에서 전문적으로 영상 기획과 제작을 교육받은 이들을 외면하고, 획일적인 필기시험과 면접을 통해서 선발한다. 시험 공부에 능숙한 프로듀서와 감독 후보를 선발하는 것이다. 드라마 연출자의 선발이 시사, 교양, 오락 프로그램 연출자의 선발과 거의 동일하다. 최종 면접 등에서 드라마에 적합한 근성과 아이디어 등이 평가되겠지만, 이미 시험 점수에서 다 걸러진 다음에 남은 사람들을 놓고 고르는 것이다. 어려운 시험 관문을 통과한 똑똑한 사람들이니 선발해서 방송사 교육 시스템하에서 훈련시키면 된다는 생각을 가지고 있는 것이다. 드라마 독립제작사가 존재하지만, 이 또한 지상파방송사에서 지명도를 얻은 연출자를 스카우트하는 형태이다 보니 방송사 입사 시험 외의 다른 인력 소스는 없다고 봐야 한다.

게다가 기획을 담당하는 프로듀서와 제작을 지휘하는 감독의 역할이 구분되어 있지 않다. 우리나라 방송사에서 책임 프로듀서는 방송국 드라마 팀장의 이름이 올라가며, 이들이 예산상의 결정권을 갖고 있다. 책임 프로듀서가 드라마 제작과 관련한 중요한 쟁점에 개입할 수 있는 여지는 있지만, 작품 생산에서 예술성과 사업성 측면에서 일관되게 지휘해나가지는 않는다. 책임 프로듀서는 한 작품만 관리하는 것이 아니라, 자기 팀에서 제작되는 다른 작품의 예산 결재 및 관리도 맡는다. 반면 크레디트상에서의 연출자는 일선에서 기획, 예산 관리, 캐스팅, 감독을 겸하여 프로듀서와 감독의 책임을 동시에 진다.

요즘처럼 하나의 드라마 시리즈가 히트하면, 그에 수반되는 온라인 사업, 게임 사업, VOD 사업, 머천다이징 사업 등과 연계되어나가는 시장 상황에서 드라마를 전체적인 시각에서 조명할 수 있는 프로듀서의 역할이 감독과 분리되지 않는 한, 전문적으로 드라마의 상품화를 다루기가 어렵다. 우리나라의 텔레비전 드라마 생산은 프로듀서의 역할이 강조되는 미드 생산과는 대조되는 현실이다.

다시 처음의 질문으로 돌아가서, 미드의 성공은 높은 제작비에 기인한 것인가? 높은 제작비의 힘이 없었다면 오늘날의 미드는 없었겠지만, 그것의 근본적인 이유는 넓은 시장이다. 그중에서도 안정적인 내수시장이다. 한국 드라마의 제작비를 미드의 제작비에 접근시킬수록 성공작이 많이 나올까? 일단 시장의 협소함으로 인해 미드 수준의 제작비를 투입하는 것은 불가능하다. 그러나 만일 그렇게 한다면? 물론 제작비를 파격적으로 늘리면 지금까지 할 수 없었던 여러 가지 시도들을 할 수 있을 것이고, 그만큼 영상은 볼거리가 늘어날 것이다. 그러나 돈만으로 되는 것은 아니다.

창작은 사람이 하는 것이고, 모든 아이디어와 감동을 주는 힘은 사람에게서 나온다. 그리고 큰돈을 다룰수록 한층 조직적으로 돈을 다룰 수 있는, 그러고도 작품성을 훼손시키지 않고 오히려 살릴 수 있는 전문적 훈련을 받은 창작자, 프로듀서, 감독, 에이전트 등이 필요하다. 이런 사람들이 그저 몇 명만 필요한 것이 아니라, 업계가 그런 자질을 가진 이들로 가득 찰 때 비로소 불안함이 없는 한류 드라마 생산이 가능하고, 아시아의 할리우드를 꿈꿀 수 있다.

참고문헌

단행본

양영철. 2006. 『영화산업』. 서울: 집문당.
임정수. 2007. 『영상미디어 산업의 이해』. 도서출판 한울.
최연구. 2006. 『문화콘텐츠란 무엇인가』. 살림.
한국문화콘텐츠진흥원. 2005. 『만화 콘텐츠 비즈니스』. 한국문화콘텐츠진흥원.

Appleton, D. & D. Yankelevits, 2002. *Hollywood dealmaking: Negotiating talent agreements*. New York: Allworth Press.
Baumgarten, P. A., D. C. Farber. & M. Fleischer. 1992. *Producing, financing and distributing film(2nd ed.)*. Pomton Plains, NJ: Limelight Editions.
Blumenthal, H. J. & O. R. Goodenough. 2006. *The business of television*. New York: Billboard Books.
Diffrient, D. S. 2008. *M*A*S*H*. Detroit, MI.: Wayne State University Press.
Garrrison, L. 1971. *Decision progresses in motion picture promotion: A study of uncertainty*. Ph.D. Dissertation, Stanford University.
Kellison, C. 2009. *Producing for television and new media*. Burlington, MA: Focal Press.
Kindem, G. 1982. *The business of motion picture*. Carbodale, IL: Southern Illinois University Press.
Litwak, M. 2002. *Dealmaking in the film & television industry(2nd ed.)*. Los Angeles, CA: Silman-James Press.
Longworth, J. L. 2002. *TV creators*. Syracuse, NY: Syracuse University Press.
Murray, J. H. 1997. *Hamlet on the Holodeck: The future of narrative in cyberspace*. New York: The Free Press.
Owen, B. M. & Wildman, S. S. 1992. *Video economics*. Cambridge, MA.: Harvard University Press.
Pearson, R. 2009. *Reading lost*. New York: I. B. Tauris.

Polan, D. 2009. *The Sopranos*. Durham, NC: Duke University Press.
Powermaker, H. 1950. *Hollywood the dream factory: An anthropologist looks at the movie-makers*. Boston: Little Brown and Company.
Read, R. 1993. *Politics and policies of national economic growth*. Unpublished doctoral dissertation, Stanford University.
Rosten, L. C. 1941. *Hollywood: The movie colony, the movie makers*. New York: Harcourt, Brace and Company.
Squire, J. E.(ed.). 2006. *The movie business book*(International 3rd Edition). Berkshire, UK: Open University Press.
Valle, R. D. 2008. *The one-hour drama series*. Los Angeles, CA: Silman-James Press.
Wildman, D & Siwek, S. 1988. *The economics of trade in recorded media products in a multilingual world*. Washington DC: American Enterprise Institute for Public Policy Research.

연구논문

김병선. 2009. 「영화유형에 따른 흥행예측요인 비교연구」. ≪한국언론학보≫ 제53권 1호.
김은미. 2003. 「한국영화의 흥행결정요인에 관한 연구」. ≪한국언론학보≫ 제47권 2호.
방송위원회. 2004. 「방송산업실태조사보고서」. 방송위원회.
_____. 2005. 「방송산업실태조사보고서」. 방송위원회.
_____. 2006. 「방송산업실태조사보고서」. 방송위원회.
유현석. 2002. 「한국영화의 흥행 요인에 관한 연구」. ≪한국언론학보≫ 제46권 3호.
윤여수. 2008. 「원작 있는 영화가 쏟아진다. 왜?」. ≪머니투데이≫ 2008년 2월 28일.
이화진·김숙. 2007. 「TV드라마 시청률에 영향을 미치는 요인: 내용변인을 중심으로」. ≪한국방송학보≫ 제21권 6호.
이효선. 2009. 「3년만의 귀환, 작가 이금림」. ≪방송작가≫ 제34호.
임정수. 2008a. 「인접국가간의 영상물 거래에서 문화적 할인 개념의 재고(再考)를 위한 시론(試論)」. 2008년 한국언론학회, 일본커뮤니케이션학회 공동주최 한일심포지엄 발제문.
_____. 2008b. 「프로그램 친숙도의 분석을 통해 본 미국 드라마의 수용에 관한 연구」. ≪한국언론학보≫ 제52권 3호.

전범수 · 최영준. 2005. 「국내외 흥행 영화소비 집중도 결정 요인: 1974~2003」. ≪한국언론학보≫ 제49권 6호.
정윤경. 2003. 「방송 프로그램 수입과 수용」. KBI 연구보고서.
조은희 · 임정수. 2009. 「한국영화산업의 시대별 특수성에 따른 원작 사용에 관한 연구」. ≪언론과 사회≫ 제17권 3호.

Austin, B. 1986. "Motivations for movie attendance." *Communication Quarterly*, 34(2).
Boisso, D. & M. Ferrantino. 1997. "Economic distance, cultural distance, and openness in international trade: Empirical puzzles." *Journal of Economic Integration*, 12(4).
Brooker, H. 2001. "Living on Dawson's creek: teen viewers, cultural convergence, and television overflow." *International Journal of Cultural Studies*, 4(4).
Collins, R. 1989. "The language of advantage: Satellite television in Western Europe." *Media, Culture & Society*, 11.
De Vany, A. & W. Walls. 1999. "Uncertainty in the Movie Industry: Does star power reduce the terror of the bow office?" *Journal of Cultural Economics*, 23.
Litman, B. R. 1983. "Predicting success of theatrical movies: An empirical study." *Journal of Popular Culture*, 16.
Litman, B. R. & L. S. Kohl. 1989. "Predicting financial success of motion pictures: The '80s experience." *Journal of Media Economics*, 2(2).
McFadayen, S., C. Hoskins & A. Finn. 2004. "Measuring the cultural discount in the price of exported U.S. television programs," in Ginsburgh, V. A(ed.). *Economics of art and culture: Invited papers at the 12th international conference of the Association of Cultural Economics International*.
MPAA. 2008. "Theatrical Market Statistics 2008." www.mpaa.org.

기타(신문·잡지·인터넷 등)

이은경. 2007. "일본 만화원작 제작영화 동향: 해외통신원 리포트". 영화진흥위원회. Available: http://www.kofic.or.kr
≪문화일보≫. 2006.8.14. "새롭게 보는 광복 61돌 특집-한 · 일 대중문화 교류 현주소: 방

송 드라마 상생 발전".
≪동향과 분석≫ 통권 230호. 2006. "해외단신기사(Guardian, 2006년 4월 21일자 기사)".

The First Post. 2007.6.25. "Knocked up in Hollywood."
USA Today. 2007.6.6. "15 actors sue New Line Cinema over 'Lord of the Rings' profits."

Dow Jones & Company. 2008. Http://www.dowjones.com.
Http://abc.go.com
Http://en.wikipedia.org/wiki/Bottle_show
Http://www.amctheatres.com
Http://www.caa.com
Http://www.cbs.com
Http://www.cineplex.com
Http://www.cwtv.com
Http://www.dowjones.com
Http://www.fox.com
Http://www.gameloft.com
Http://www.icmtalent.com
Http://www.hollywoodreporter.com
Http://www.mpaa.org
Http://www.nbc.com
Http://www.hbo.com
Http://www.tnsmk.com/rating
Http://www.ubi.com
Http://www.ubisoftgroup.com
Http://www.unitedtalent.com
Http://www.wma.com
Http://www.wga.org.
Http://www.kofic.or.kr
Http://www.thefirstpost.co.uk

찾아보기

A FTRA(American Federation of Television and Radio Artists) 144, 149, 167

ATL(Above-the-line) 41

B TL(below-the-line) 41

C AA(Creative Artists Agency) 138, 151, 154, 155

D GA(Director's Guild of America) 148

I CM(International Creative Management) 138, 151, 153, 154

O SMU(One Source Multi Use) 77, 220

P FD(Production-Financing-Distribution) 47

PPL(Product Placement) 52, 53, 54, 55, 56, 57, 223

S AG(Screen Actors Guild) 148, 149, 165, 166, 167

U TA(United Talent Agency) 151, 155, 156

W GA(미국 작가길드) 119, 121, 122, 123, 125, 126, 128, 136, 137, 139, 140, 148, 149

WMA(William Morris Agency) 138, 151, 152, 153, 154

경 험재(experience goods) 75, 77

공공재 75

독 점적 개발 92

드 하빌랜드법(de Havilland law) 164

라 이선스 요금(license fee) 48, 97, 98, 236

리메이크(remake) 22, 27, 209, 210, 211

머 천다이징 209, 236, 238, 243

문화적 할인 28

바 틀쇼(bottle show) 48, 49, 50, 51, 52

반독점 파라마운트 법(antitrust paramount decree) 166

방영권 33, 43, 65, 207, 233, 235
부치월드와 파라마운트 소송건(Buchwald v.s. Paramount) 130

사업 다각화 207
쇼러너(Showrunner) 85, 88, 89, 110, 133, 142, 153
스태프 작가(staff writers) 101, 108
스펙대본(spec script) 115, 118, 119, 120, 146
스포일러(Spoiler) 226, 227, 228
스핀오프(spin-off) 27, 32, 83, 186, 209, 210
시즌(season) 32, 40, 48, 50, 51, 60, 61, 63, 64, 69, 70, 82, 87, 89, 109, 110, 111, 126, 163, 179, 182, 183, 186, 187, 188, 189, 216, 218, 222, 225, 231, 232

역PPL(Reverse Product Placement: RPPL) 224
오버플로(overflow) 223
오버헤드 93, 94, 129
우선 검토 거래 93
우선협상권(Right of First Negotiation) 66

작가길드 121, 139

작가파업 125, 139, 140

창작자(creator) 40, 44, 45, 82, 85, 87, 88, 89, 100, 102, 103, 104, 108, 109, 110, 133, 154, 156, 178, 193, 225, 244
책임 프로듀서(Executive Producer) 46, 82, 83, 85, 88, 100, 103, 110, 111, 133, 141, 193, 227, 242, 243

클립쇼(clip show) 50, 51

트리트먼트(treatment) 98, 127, 128

파일럿(pilot) 39, 48, 50, 61, 85, 88, 89, 91, 92, 98, 103, 108, 109, 110, 111, 176, 177, 178, 179, 180, 181, 182, 183, 184, 185, 186, 187, 188, 189, 190, 216, 217, 218, 231, 232
핀신 규칙(Fin/Syn Rule, Financial Interest and Syndication Rule) 33, 34, 44, 222, 235

하이퍼시리얼리티(Hyperseriality) 221, 223, 224
할리우드 회계 129
훌루(www.hulu.com) 204, 220

지은이

임정수

연세대학교 신문방송학과를 졸업(학사, 석사)하고, 케이블네트워크 DSN에서 프로듀서로 근무했으며, 미국 노스웨스턴 대학에서 언론학 박사학위를 받았다.

현재 서울여자대학교 언론영상학부 부교수로 재직 중이며, 콘텐츠산업과 정책, 방송편성론, 디지털미디어 등을 강의하고 있다. 2009년 방송문화진흥회 해외학술연구지원으로 UCLA 방송영화학과에서 교환교수를 지냈다.

저서로는 『디지털시대의 미디어 산업』, 『영상미디어 산업의 이해』, 『디지털미디어와 광고』(공저), 『디지털 시대의 방송편성론』(공저) 등이 있으며, 논문으로는 「역대 방송관련법령에서 '다양'과 '선택'의 의미 사용에 관한 연구」 등 다수가 있다.

한울아카데미 1251

미드
할리우드 텔레비전 드라마 생산 이야기

ⓒ 임정수, 2010

지은이 임정수
펴낸이 김종수
펴낸곳 도서출판 한울

편집책임 이교혜
편집 이가양

초판 1쇄 인쇄 2010년 3월 15일
초판 1쇄 발행 2010년 3월 26일

주소 413-832 파주시 교하읍 문발리 507-2(본사)
　　　121-801 서울시 마포구 공덕동 105-90 서울빌딩 3층(서울 사무소)
전화 영업 02-326-0095, 편집 02-336-6183
팩스 02-333-7543
홈페이지 www.hanulbooks.co.kr
등록 1980년 3월 13일, 제406-2003-051호

Printed in Korea.
ISBN 978-89-460-5251-2 03680 (양장)
　　　978-89-460-4271-1 03680 (학생판)

* 가격은 겉표지에 표시되어 있습니다.
* 이 책은 강의를 위한 학생판 교재를 따로 준비했습니다.
　강의 교재로 사용하실 때에는 본사로 연락해주십시오.